KLAUSUREN

Wirtschaft und Recht
Oberstufe

Kerstin Vonderau

STARK

Umschlagbild: © Umschlagbild: gmutlu/iStockphoto

www.stark-verlag.de
1. Auflage 2015

Inhalt

Klausuren Recht

Autorin:

Dr. Kerstin Vonderau

Vorwort

Liebe Schülerinnen und Schüler,

dieser Band unterstützt Sie bei der Klausurvorbereitung im Fach Wirtschaft und Recht in der Qualifikationsphase der Oberstufe. Er enthält zu allen Lehrplanbereichen **Übungsklausuren** mit vollständigen **Lösungsvorschlägen** und **methodischen Hinweisen**. Vom Umfang her können diese länger sein und mehr Materialien beinhalten als Klausuren Ihrer Lehrkraft. Klären Sie dies ggf. in Ihrem Kurs ab.

Die Aufgaben sind in **zwei Blöcken** getrennt nach **Wirtschaft** und **Recht** angeordnet. Die Reihenfolge der Aufgaben folgt innerhalb der beiden Teilbereiche i. d. R. der **Anordnung im Lehrplan**, sodass Sie bei der Klausurvorbereitung gezielt die passenden Aufgaben auswählen können. Einzige **Ausnahme** bilden die **betrieblichen Entscheidungen**, die im Block Wirtschaft ganz am Anfang stehen und in der vorletzten Aufgabe zu Wirtschaft noch einmal aufgegriffen werden. Klausuren in Ihrem Kurs können auch durchaus Inhalte aus Wirtschaft und aus Recht beinhalten.

Bevor Sie die einzelnen Aufgaben bearbeiten, verschaffen Sie sich einen Überblick über die **Operatoren** und die **wesentlichen Arbeitsweisen** im Fach Wirtschaft und Recht. Diese sollten Sie sukzessive in Ihr **Methodenrepertoire** integrieren.

Am sinnvollsten ist es, die Klausuren zunächst ganz oder in Teilaufgaben **selbstständig** zu **lösen** und dann erst mit den Lösungsvorschlägen zu **vergleichen**. Achten Sie beim Vergleich sowohl auf die **methodischen Hinweise** zu den verwendeten Operatoren und zur Erschließung der Aufgabenstellung vor jeder Lösung als auch auf die **strukturierenden Hinweise** am Rand. Stellen Sie zuletzt mithilfe der **Checkliste** am Ende jedes Lösungsblocks fest, wo Sie noch Optimierungsbedarf bei Ihren Lösungen und Ihrer Arbeitsweise haben.

Achten Sie auch auf Ihr **Zeitmanagement:** Die Angaben zu Dauer und Gewichtung der Aufgaben geben Ihnen eine Orientierung, in welcher Zeit Sie – nach guter Vorbereitung – die einzelnen Aufgaben bzw. die Klausur gelöst haben sollten.

Lassen Sie sich nicht verunsichern, wenn Sie – vor allem in Wirtschaft – zum Teil andere Lösungsaspekte gefunden haben als in der jeweiligen Musterlösung. Häufig sind alternative Lösungen möglich. Fragen Sie in diesen Fällen Ihre Lehrkraft.

Viel Erfolg bei allen Klausuren!

Hinweise und Tipps zum Arbeiten mit diesem Buch

1 Übungsmöglichkeiten für Klausuren

Das Arbeiten mit Übungsaufgaben auf Abiturniveau ist nicht nur für die Abitur-, sondern auch für die Klausurvorbereitung sinnvoll und nützlich, da sich die Klausuren in der Qualifikationsphase meist an den Anforderungen im Abitur orientieren. Entsprechend wurde auch dieser Übungsband konzipiert.
Klausuren setzen sich aus verschiedenen Teilaufgaben zusammen, die – soweit möglich – in einem thematischen Zusammenhang stehen. I. d. R. sind **aktuelle Materialien** zur Auswertung ein wesentlicher Bestandteil der Aufgaben. Gerade bei den materialgestützten Aufgaben können auch **offene Aufgabenstellungen** zur Anwendung kommen, d. h. Aufgaben, bei denen verschiedene Lösungsmöglichkeiten bestehen und bei denen nicht nur Korrektheit und Vollständigkeit der einzelnen Aspekte der Lösung, sondern auch die Qualität der Inhalte und der Darstellung entscheidend für die Bewertung sind (vgl. auch S. IV f.).
Zugelassene **Hilfsmittel** sind i. d. R. wie im Abitur:
- unkommentierte Textausgaben des
  - Bürgerlichen Gesetzbuches
  - des Strafgesetzbuches
  - des Grundgesetzes und
  - der Bayerischen Verfassung
- elektronischer Taschenrechner (nicht programmierbar)

Die Gesetzestexte dürfen Hervorhebungen und Verweise, jedoch keine Kommentare enthalten.

1.1 Klausurvorbereitung und Bearbeitungsstrategien

Die **zentralen Fragen** bei der Klausurvorbereitung sind:
1. Welche Themen werden geprüft (Inhalte der Aufgaben) und wie detailliert muss man die Themen vorbereiten (Breite und Tiefe der Vorbereitung)?
2. Welche Arten von Aufgabenstellungen gibt es und welche Hinweise kann man aus der Aufgabenformulierung für Inhalt und Tiefe der Antwort ableiten?
3. Wie gliedert und formuliert man adäquate Antworten?

1.1.1 Themen der Übungsaufgaben

Klausuren basieren zwar auf dem jeweiligen Unterricht im Fach WR, der sich mit Blick auf die Abiturprüfung aber grundsätzlich am geltenden Lehrplan orientiert.[1]
Die Übungsaufgaben in diesem Buch sind unterteilt in die Bereiche Wirtschaft und Recht. Innerhalb dieser Blöcke sind die Aufgaben in der Reihenfolge des Lehrplans zusammengestellt, sodass sie dem Ablauf der Inhalte im Unterricht entsprechen und auch parallel zum Unterricht zur Übung eingesetzt werden können. Welche Themenblöcke in einer Gesamtaufgabe enthalten sind, können Sie jeweils der Überschrift entnehmen (vgl. Inhaltsverzeichnis). Die Aufgaben sind z. T. auf recht hohem Niveau gestellt, um den erwünschten Trainingseffekt zu erreichen. Das Gleiche gilt für Inhalt und Umfang der Lösungen.

1.1.2 Herangehensweise an Aufgaben

Durch diagonales Lesen der Aufgaben in diesem Buch können Sie sich einen Überblick über die verschiedenen Aufgabenformen verschaffen.
Konsequentes Üben mit den Aufgaben und Vergleiche mit den Lösungsvorschlägen geben Ihnen ein Gefühl dafür, wie Sie Ihre Antworten gliedern und strukturieren sollten.
Für die Herangehensweise an Prüfungsaufgaben haben sich folgende Schritte bewährt:

Lesen und Erfassen einzelner Aufgabenstellungen

Mit der korrekten Erfassung der Aufgabenstellung steht und fällt die Aufgabenbearbeitung. Lesen Sie die Aufgabenstellung genau durch. Bei **mehrteiligen Aufgabenstellungen** markieren Sie sich diese Teile entsprechend, z. B. mit a), b) und c). **Beispiel:** „Erläutern Sie die Wirkungsweise des Hauptrefinanzierungsgeschäftes. Beschreiben und begründen Sie anschließend die geldpolitische Strategie der EZB im genannten Zeitraum." Diese Aufgabenstellung hat drei Teile: a) Erläuterung der Wirkungsweise des Hauptrefinanzierungsgeschäftes; b) Beschreibung der geldpolitischen Strategie im genannten Zeitraum; c) Begründung dieser Strategie. In der Regel kann eine derartige Unterteilung auch als Gliederungsschema für Ihre Antwort verwendet werden.
Sollten Sie mit einer Aufgabenstellung gar nicht zurechtkommen, markieren Sie diese Aufgabe deutlich, verschieben Sie die Bearbeitung auf einen späteren Zeitpunkt und nutzen Sie Ihre Zeit für die direkt lösbaren Aufgaben.
Die **Art**, **Breite und Tiefe der Lösung** richtet sich im Wesentlichen nach den in der Aufgabenstellung verwendeten **Operatoren** (Arbeitsanweisungen). So erfordert „nennen" nur eine unkommentierte Liste, „erläutern" dagegen eine Darstellung der relevanten Inhalte und Zusammenhänge. Die Seiten VI bis XI geben einen **Überblick über gängige Operatoren** im Fach Wirtschaft und Recht mit Erläuterungen und Beispielen.
Diese Hinweise zu den Operatoren und Arbeitstechniken stellen einen umfassenden „Werkzeugkasten" für die Bearbeitung von Klausuren, aber auch Abituraufgaben

1 Der Lehrplan ist im Internet zu finden unter: www.isb-gym8-lehrplan.de

dar, den Sie sich systematisch als Grundwissen aneignen sollten. Im Aufgabenteil des Buches werden für jede Aufgabe neben den Antworten auch methodische Hinweise zur Bearbeitung gegeben. Zahlreiche Aufgabenstellungen lassen unterschiedliche Lösungsaspekte zu. In solchen Fällen muss die Lösung als exemplarisch betrachtet werden, d. h., es kann durchaus weitere korrekte Aspekte geben, die im Lösungsvorschlag nicht genannt werden. Im Zweifelsfall kann hier die Diskussion im Unterricht oder die Rücksprache mit der Lehrkraft Klarheit bringen.

Analysieren der Materialien

Sofern für eine Aufgabe Materialien vorgegeben sind, analysieren Sie diese vor dem Hintergrund der Aufgabenstellung. Grundsätzlich gilt: Es ist nicht sinnvoll, die Materialien zu analysieren, ohne vorher die Aufgabenstellung erfasst zu haben, da in aller Regel auch überflüssige Informationen enthalten sein werden. Textmarker und Lineal zur Hervorhebung gehören zum unverzichtbaren Handwerkszeug.

1.1.3 Formulierung von Lösungen

Darstellen der Ergebnisse

- Beachten Sie bei der Formulierung Ihrer Antwort immer den jeweiligen Operator, aber auch die erreichbaren Bewertungseinheiten (BE) (sofern diese erkennbar sind).
- Behalten Sie bei der Auseinandersetzung mit Details immer den Gesamtzusammenhang im Auge.
- Eine klare gedankliche und optische Strukturierung der Antwort ist immer von Vorteil. Gliedern Sie Ihre Lösung inhaltlich und optisch sinnvoll. Verwenden Sie bei mehrteiligen Aufgabenstellungen ggf. deren Gliederungsschema.
- Nehmen Sie alles Erforderliche, aber nichts Überflüssiges in Ihre Antwort auf. Überflüssiges kostet nicht nur wertvolle Zeit, sondern beeinträchtigt auch die Qualität Ihrer Lösung. Wenn Sie sich unsicher sind, schreiben Sie lieber etwas zu viel als Entscheidendes zu wenig.
- Falls Materialien gestellt werden, beziehen Sie diese konsequent und explizit in Ihre Antwort ein (durch Querverweise, Zitate, Zeilenangaben o. Ä.).
- Achten Sie auf sprachlich korrekte Formulierungen und eine klare, verständliche Ausdrucksweise. Sofern der Operator bzw. die Aufgabenstellung nicht ausdrücklich etwas anderes verlangt, formulieren Sie alles als geschlossenen Text in vollständigen Sätzen. Vermeiden Sie dabei Schachtelsätze.
- Setzen Sie gezielt die gängige Fachterminologie ein.
- Wenn Sie Abkürzungen einsetzen wollen, schreiben Sie die relevante Bezeichnung grundsätzlich einmal aus und ergänzen Sie die Abkürzung in Klammern, z. B. Bruttoinlandsprodukt (BIP).
- Achten Sie auf eine angemessene äußere Form Ihrer Arbeit, insbesondere auf Lesbarkeit und Übersichtlichkeit (z. B. durch Absätze, Aufzählungszeichen, Unterstreichungen u. Ä.). Zeichnungen, Skizzen oder Tabellen müssen sauber, übersichtlich, ausreichend groß und grundsätzlich vollständig beschriftet sein.

- Beginnen Sie die Beantwortung jeder Aufgabe auf einer neuen Seite oder lassen Sie zumindest mehrere Leerzeilen frei, sodass Sie falls nötig noch Ergänzungen einfügen können. Reicht der Freiraum für eine Ergänzung einmal nicht aus, verwenden Sie deutlich sichtbare und sinnvolle Symbole für den Querverweis auf die Ergänzung (am besten Ziffern und die Nummer der Aufgabe, z. B. 1. zu 4.1). Lösungsteile, die nicht eindeutig zuzuordnen sind, können nicht gewertet werden.

Abschließende Überprüfung auf Vollständigkeit und Korrektheit

Bevor Sie die Klausur abgeben, sollten Sie möglichst Ihre gesamte Arbeit noch einmal durchlesen und auf Vollständigkeit und Korrektheit überprüfen.

- Kontrollieren Sie, ob Sie alle Teilaufgaben und Materialien bei den einzelnen Aufgaben berücksichtigt haben.
- Korrigieren Sie beim Durchlesen nicht nur inhaltliche Defizite, sondern auch fehlende Querverweise auf Materialien und Fehler in der Grammatik, Rechtschreibung oder Zeichensetzung.
- Überprüfen Sie durch Abhaken in der Angabe, ob Sie alle Aufgaben bearbeitet haben, insbesondere wenn Sie einzelne Aufgaben für eine spätere Bearbeitung ausgelassen haben.
- Falls Sie mehr als einen Bogen verwendet haben, nummerieren Sie die Seiten und ergänzen Sie auf jedem Papierbogen Ihren Namen.

1.2 Bewertung von Klausuren

Klausuren werden in aller Regel nach dem gleichen Punktespiegel bewertet wie die schriftliche Abiturprüfung. Der folgende Abiturspiegel kann entsprechend auf eine variable Zahl an BE umgerechnet werden.

Notenpunkte	Notenstufen	Bewertungseinheiten	Intervalle in %
15 14 13	+1 1 1–	100–96 95–91 90–86	15
12 11 10	+2 2 2–	85–81 80–76 75–71	15
9 8 7	+3 3 3–	70–66 65–61 60–56	15
6 5 4	+4 4 4–	55–51 50–46 45–41	15
3 2 1	+5 5 5–	40–35 34–28 27–21	20
0	6	20–0	20

In die Bewertung können neben der inhaltlichen Korrektheit und Vollständigkeit der Lösung auch weitere Kriterien einfließen. Dies gilt insbesondere für offene Aufgabenstellungen. Weitere Kriterien sind z. B.:

- Umfang der Kenntnisse
- Vielfalt der Aspekte und Bezüge
- Aufbau und Gliederung der Antwort
- Fokussierung auf die Aufgabenstellung
- sprachlich kompetente Formulierung unter Verwendung der Fachsprache
- Sicherheit in der Beherrschung der Methoden
- Sauberkeit und Übersichtlichkeit bei Zeichnungen
- Nachvollziehbarkeit des Rechenwegs bei Berechnungen
- konsequente Angabe der verwendeten Rechtsnormen bei Fallprüfungen in Recht

2 Operatoren

Die Operatoren orientieren sich an den bundesweit „Einheitlichen Prüfungsanforderungen in der Abiturprüfung" (EPA) für Wirtschaft und für Recht, die Sie auf den Seiten der Kultusministerkonferenz finden[2]. Die in den Übungsaufgaben verwendeten Operatoren entsprechen den gängigen Arbeitsanweisungen im Abitur.
Die folgenden Seiten geben Ihnen einen **Überblick über gängige Operatoren** im Fach Wirtschaft und Recht sowie kurze Erläuterungen zum jeweils erwarteten Anspruchsniveau der Antwort (jeweils grau hinterlegt). Anschließend werden zur Verdeutlichung Beispiele aus den Themengebieten Wirtschaft oder Recht gegeben. Um optimal arbeiten zu können, muss Ihnen klar sein, welcher Erwartungshorizont sich hinter den einzelnen Operatoren verbirgt.

Schlüssel zur Operatorenliste

Fragestellung
→ Anforderungsspektrum

Beispiel

Überblick über gängige Operatoren

Definieren Sie ...
→ Definition reproduzieren.

Wirtschaft:
F: Definieren Sie „Warenkorb".
A: Ein Warenkorb ist eine repräsentative Auswahl an Gütern und Dienstleistungen zur Ermittlung des Preisindex.

Recht:
F: Definieren Sie „gegenseitiger Vertrag".
A: Ein gegenseitiger Vertrag ist ein zwei- oder mehrseitiges Rechtsgeschäft, das durch mindestens zwei inhaltlich übereinstimmende und entgegengesetzte Willenserklärungen zustande kommt und aus dem für beide Vertragspartner vertragliche Leistungspflichten entstehen.

Nennen Sie ...
→ Eine reine Auflistung wird verlangt; eine unkommentierte Spiegelstrichliste genügt theoretisch, ein einleitender Satz kann aber nicht schaden.

2 http://www.kmk.org/fileadmin/Dateien/veroeffentlichungen_beschluesse/1989/1989_12_01-EPA-Wirtschaft.pdf
http://www.kmk.org/fileadmin/Dateien/veroeffentlichungen_beschluesse/1989/1989_12_01-EPA-Recht.pdf

Wirtschaft:

F: Nennen Sie drei Arten von Unternehmenszielen.

A: Drei Arten von Unternehmenszielen sind:
- Rentabilitätsziele
- ökologische Ziele
- soziale Ziele

Berechnen Sie ... / Ermitteln Sie ...

→ In Wirtschaft: Anhand vorgegebener Daten und Sachverhalte muss eine Aufgabe mit bekannten Operationen oder Formeln gelöst werden. In Recht: Bekannte Rechtsnormen müssen gefunden werden.

Wirtschaft:

z. B. Berechnung des Gewinnmaximums, der Gewinnschwelle oder der Rentabilität (vgl. BWL, Übungsaufgabe 1).

Recht:

F: Ermitteln Sie Rechtsnormen des Zivilrechts, die der Schutzfunktion des Rechts dienen.

A: Der Schutzfunktion des Rechts dienen u. a. Rechtsnormen im Minderjährigenrecht, z. B. Regelungen zur Geschäftsfähigkeit §§ 104 ff. BGB oder beschränkten Deliktsfähigkeit § 828 BGB, Normen zum Schutz des Eigentums, z. B. § 935 BGB (Ausschluss des Eigentumserwerbs an abhandengekommenen Sachen), Rechtsnormen zum Schutz des Gläubigerinteresses, z. B. im Sachmangelrecht das Recht auf Schadensersatz oder Rücktritt (§§ 437, 280 ff., 323 ff. BGB) oder im Deliktsrecht der Anspruch auf Schadensersatz bei Rechtsgutverletzung § 823 BGB.

Beschreiben Sie ... / Stellen Sie dar ...

→ Geht über reines Nennen hinaus, erfordert noch keine ausführliche Erläuterung, aber definitiv einen geschlossenen, in der Fachsprache formulierten Text, der die wesentlichen Aspekte eines Sachverhalts im logischen Zusammenhang wiedergibt; Beispiele sind möglich; ggf. wird Material (z. B. ein Diagramm) vorgegeben.

Recht:

F: Beschreiben Sie die Ausgleichsfunktion des Rechts.

A: Das Recht soll bei Interessenkonflikten zu einem möglichst gerechten Interessenausgleich zwischen den Beteiligten führen. Beispiel: Bei störender Hausmusik eines Schlagzeugers soll durch das Recht eine Kompromisslösung zwischen dem Schutzbedürfnis der Hausbewohner einerseits und dem Freiheitsbedürfnis des Musikers andererseits geschaffen werden, z. B. indem Spiel- und Ruhezeiten in der Hausordnung festgelegt werden.

Erläutern Sie … / Zeigen Sie … (auf) …
→ Erfordert neben der Beschreibung eine weitergehende Erörterung von Inhalten und Zusammenhängen; möglichst umfassende Darstellung der Kenntnisse zu einem Sachverhalt; Beispiele können zur Verdeutlichung hilfreich sein.

Wirtschaft:

F: Erläutern Sie das wirtschaftspolitische Ziel „außenwirtschaftliches Gleichgewicht".

A: Von außenwirtschaftlichem Gleichgewicht spricht man, wenn der Außenbeitrag eines Landes weder positiv noch negativ ist, d. h. der Wert der Importe = Wert der Exporte bzw. X – M = 0. Der Außenbeitrag wird über die Zahlungsbilanz bzw. die Leistungsbilanz ermittelt. Ein Leistungsbilanzungleichgewicht ist aus Sicht der beteiligten Länder unerwünscht, da für das Überschussland die Gefahr einer importierten Inflation besteht, im Defizitland die Wirtschaftsentwicklung negativ ist, Arbeitsplätze und Wettbewerbsfähigkeit verloren gehen und daher langfristig Zahlungsunfähigkeit droht.

Systematisieren Sie … / Erstellen Sie eine Übersicht / Systematik …
→ Verlangt eine Ordnung einer Anzahl von Aspekten anhand eines oder mehrerer Kriterien; die Aspekte können vorgegeben, aus einem Text zu ermitteln oder Bestandteil der Lösung sein; ggf. ist auch eine grafische Lösung möglich. Lautet der Operator „Erstellen Sie eine Übersicht /Systematik …" ist eine Tabelle oder Grafik die richtige Lösung (vgl. S. XII, 3.1).

Recht:

F: Systematisieren Sie folgende Rechtsgeschäfte: 1) Leihe, 2) Miete, 3) Tausch, 4) Schenkung, 5) Auftrag, 6) Kaufvertrag.

A: Kriterium ist z. B. die (Un-)Entgeltlichkeit:
- entgeltliche Rechtsgeschäfte: 2), 3) und 6)
- unentgeltliche Rechtsgeschäfte: 1), 4) und 5)

Grenzen Sie … voneinander ab / Vergleichen Sie …
→ Bedeutet das Herausarbeiten von Gemeinsamkeiten und Unterschieden.

Wirtschaft:

F: Grenzen Sie die Spitzenrefinanzierungsfazilität (SRF) und die Hauptrefinanzierungsgeschäfte (HRG) voneinander ab.

A: Sowohl SRF als auch HRG dienen der Refinanzierung der Geschäftsbanken (GB) und werden über Wertpapiere abgesichert. Sie unterscheiden sich allerdings in der Laufzeit (SRF über Nacht; reguläre HRG eine Woche), dem Rhythmus (SRF auf Initiative der GB; reguläre HRG wöchentlich) und der Vergabe (SRF wird mit einzelnen GB abgewickelt; HRG richtet sich an alle GB des Eurosystems).

Erklären Sie ...
→ Heißt, einen Zusammenhang darzustellen, also wie etwas abläuft, funktioniert, zusammenhängt ...

Wirtschaft:

F: Erklären Sie, was man unter positiven Multiplikatorprozessen versteht.

A: Positive Multiplikatorprozesse ergeben sich infolge einmaliger positiver Impulse. So wird z. B. durch einen Investitionsschub zusätzliches Volkseinkommen geschaffen: Die Investitionen erhöhen die Einnahmen in der Investitionsgüterindustrie und damit das Volkseinkommen (Y) in Form zusätzlicher Gewinne oder Löhne. Dieses zusätzliche Y wird teils konsumiert und teils gespart. Der Konsumanteil führt zu einer Erhöhung der Einnahmen in der Konsumgüterindustrie und damit wiederum zu einer Erhöhung von Y. Auch diese wird teils für Konsum verwendet und erhöht wiederum Y. Dieser Prozess läuft theoretisch unendlich lange mit abnehmenden Zuwachsraten von Y. Die Höhe des gesamten Y-Zuwachses hängt von der Höhe der Konsumquote ab: Je höher der Anteil des Konsums an der Y-Verwendung (d. h., je weniger gespart wird), desto höher der Gesamtzuwachs.

Begründen Sie ...
→ Zusammenhang zwischen Ursache und Wirkung herstellen, d. h. erklären, „warum". Ein Fazit ist möglich, aber nicht zwingend.

Recht:

F: Begründen Sie, warum der Gesetzgeber bei Fernabsatzgeschäften für Verbraucher ein Widerrufsrecht eingeführt hat.

A: Bei Fernabsatzgeschäften fehlt dem Käufer i. d. R. die Möglichkeit, die gekaufte Ware vor der Lieferung in Augenschein zu nehmen und zu prüfen, ob sie seinen Vorstellungen und Anforderungen entspricht. Um Fehlkäufe zu vermeiden, die z. B. auch durch die Art der Beschreibung und Darstellung der Ware im Fernabsatzhandel (z. B. im Katalog oder auf einer Webseite) verursacht sein können, wird Verbrauchern ein unbedingtes, befristetes Widerrufsrecht eingeräumt. Diese Regelung dient dem Verbraucherschutz bei dieser besonderen Vertriebsform.

Beurteilen Sie ... / Erörtern Sie ... / Betrachten Sie kritisch ... / Wägen Sie ab ... / Diskutieren Sie ... / Nehmen Sie Stellung ...
→ Vor- und Nachteile, Chancen und Risiken, positive und negative Aspekte eines Inhalts müssen gegenübergestellt werden; ggf. sind unterschiedliche Perspektiven zu berücksichtigen. Ein Fazit, das ein begründetes eigenes Werturteil enthält, ist erforderlich.

Wirtschaft:

F: Beurteilen Sie das wirtschaftspolitische Ziel „Wirtschaftswachstum" vor dem Hintergrund unserer Wirtschaftsordnung.

A: Die Wirtschaftsordnung der BRD ist die soziale Marktwirtschaft, d. h. eine Verbindung von Marktwirtschaft und sozialem Ausgleich im Rahmen einer Wettbewerbswirtschaft.
Aus der Sicht der Marktwirtschaft ist Wirtschaftswachstum (WW) positiv zu sehen, da es zu technischem Fortschritt, einem höheren Güterangebot und Neuinvestitionen führt. Überhöhtes Wirtschaftswachstum gefährdet allerdings die Preisstabilität und damit das Funktionieren des Preismechanismus auf dem Markt. Für das Ziel des sozialen Ausgleichs kann WW positiv sein, wenn die erwirtschafteten Gewinne nicht nur den Unternehmen (U), sondern auch den Privathaushalten (H) zugutekommen und über die Einkommensumverteilung des Staates durch die höheren Steuereinnahmen auch dem Ausgleich dienen. Negativ wäre eine einseitige Gewinnansammlung bei den U bzw. prozentual kleinen Bevölkerungsschichten, die die Schere zwischen Arm und Reich weiter spreizen würde. Im Hinblick auf den Wettbewerb ist Wirtschaftswachstum dann positiv, wenn es auch bei kleinen und mittelständischen Unternehmen zu Gewinnen führt, die deren Wettbewerbsfähigkeit erhöhen. Einseitiges Wirtschaftswachstum bei Großunternehmen führt dagegen zu höherer Marktmacht mit negativen Effekten für kleine Unternehmen (Verdrängung vom Markt) und Verbraucher (höhere Preise, weniger Produkte).
Fazit: Wirtschaftswachstum ist in unserer Wirtschaftsordnung positiv zu sehen, wenn es nicht nur einseitige Vorteile für einzelne Unternehmen und/oder Bevölkerungsschichten schafft, sondern auch dem sozialen Ausgleich dient und den Wettbewerb fördert bzw. nicht gefährdet.

Recht:

F: Beurteilen Sie den Anspruch auf Nacherfüllung beim Sachmangel gemäß § 439 BGB aus Sicht des Käufers und des Verkäufers.

A: Aus Sicht des Käufers ist der Anspruch auf Nacherfüllung positiv zu bewerten, da er wählen kann, ob er Ersatzlieferung oder Nachbesserung möchte. Negativ ist ggf., dass er sich nicht gleich aus einem unzufriedenstellenden Vertrag lösen kann, sondern dem Verkäufer erst noch eine zweite Chance in Form der Nacherfüllung geben muss. Aus Sicht des Verkäufers ist die Nacherfüllung positiv, da er eine zweite Chance erhält und damit der Grundsatz *pacta sunt servanda* gestärkt wird. Ebenfalls positiv ist die Möglichkeit, eine unverhältnismäßig teure Wahl der Nacherfüllung abzulehnen. Negativ ist die unabdingbare Verpflichtung zur Übernahme der gesamten Kosten der Nacherfüllung.
Fazit: Die Regelungen zur Nacherfüllung beim Sachmangel begünstigen weder Käufer noch Verkäufer einseitig, sondern dienen in erster Linie der Rechtssicherheit und dem Interessenausgleich.

Analysieren Sie … / Werten Sie … aus …
→ Zahlen- oder Textmaterial muss vor dem Hintergrund relevanter Kriterien ausgewertet werden; die Ergebnisse sollten zunächst deskriptiv formuliert werden, müssen aber um Aussagen über z. B. Übereinstimmungen, Widersprüche oder ursächliche Zusammenhänge zu einer Gesamtaussage ergänzt werden. Die Aufgabenform ist oft in anderen Fragestellungen „versteckt" enthalten (siehe Beispiele aus den Übungsaufgaben, vgl. auch S. XII f., 3.3).

Wirtschaft:
z. B. Konjunkturlage, Zielerreichung, Zielbeziehungen, Ländervergleich, Entwicklungen im Zeitverlauf, Entwicklungsvergleich.

Recht:
v. a. Rechtsnormen und Fallbeispiele hinsichtlich Tatbestandsmerkmalen und Rechtsfolgen.

Prüfen Sie im Gutachtenstil … / Untersuchen Sie im Gutachtenstil … / Prüfen Sie nach Prüfschema …
→ Nach der Formulierung des theoretischen Anspruchs mit Anspruchsgrundlage zum gegebenen Sachverhalt /Rechtsfall muss eine systematische Normenanalyse und Subsumtion erfolgen.

Recht:
F: Der volljährige B schlägt den A aus Wut ins Gesicht, sodass dessen Brille zu Bruch geht. Prüfen Sie im Gutachtenstil, ob B die Brille des A ersetzen muss.

A: B muss die Brille ersetzen, wenn A einen **Anspruch** auf Schadensersatz wegen unerlaubter Handlung gegen B aus § 823 I BGB hat. Prüfung § 823 I:
Rechtsgutverletzung: B verletzt das Eigentum des A, da dessen Brille zu Bruch geht.
Schaden mit Kausalzusammenhang: Die Zerstörung der Brille wird unmittelbar durch Bs Schlag verursacht.
Verschulden: B schlägt aus Wut, also vorsätzlich zu (§ 276 I BGB).
Widerrechtlichkeit: B handelt widerrechtlich, da er laut Sachverhalt keinen Rechtfertigungsgrund hat.
Ergebnis: A kann von B Schadensersatz wegen unerlaubter Handlung verlangen (§ 823 I BGB). Die Höhe des Schadensersatzes ergibt sich aus §§ 249 ff. BGB und beinhaltet die Kosten der Brille.

3 Prüfungsrelevante Arbeitstechniken

3.1 Erstellung von Übersichten zur Systematisierung

Übersichten zur Systematisierung von z. B. Zielen, Zielbeziehungen, Instrumenten, Wirkungsgrenzen können z. B. als Baumdiagramme, Flussdiagramme oder Tabellen erstellt werden. Es handelt sich definitiv nie um einen einfachen Text, selbst wenn er optisch untergliedert ist (Beispiel siehe Lösung zu Übungsaufgabe BWL 1, 1.).

3.2 Einsatz von Fachterminologie

Da die terminologische Genauigkeit und Trennschärfe von Fachbegriffen die Umgangssprache i. d. R. weit übertrifft bzw. sogar deutlich von ihr abweicht, sollten Sie soweit wie möglich immer die einschlägige Fachterminologie verwenden. Beispiele:

- Während umgangssprachlich „Arbeitslosigkeit" generell verwendet wird, muss man fachterminologisch klar zwischen Arbeitslosenzahl, -quote und Beschäftigtenzahl unterscheiden. So kann z. B. die Arbeitslosenquote steigen, obwohl die -zahl sinkt, oder auch die Beschäftigtenzahl steigen, obwohl die Arbeitslosenzahl/-quote steigt.
- Das Wort „Arbeiter" ist fachterminologisch i. d. R. nicht adäquat. „Arbeitnehmer" ist korrekt, da damit alle abhängig Beschäftigten (Arbeiter, Angestellte, Beamte) bezeichnet werden.

3.3 Auswertung und Interpretation von Tabellen und Grafiken

Die **Analyse** von statistischem Material erfolgt in drei Schritten:

- **Basisinformation:** wesentliche Angaben zu Inhalt bzw. Gegenstand des Schaubilds/der Tabelle
- **Beschreibung** der dargestellten Informationen
- **Interpretation** der dargestellten Informationen vor dem Hintergrund der Fragestellung

Die folgende Tabelle gibt einen Überblick über die wesentlichen Fragen, die Sie innerhalb der drei Bearbeitungsschritte beantworten müssen. Wichtig ist bei der Beantwortung, dass die einzelnen Aspekte nicht einfach nacheinander abgehakt, sondern aufeinander bezogen werden, sodass die Antwort in sich geschlossen ist.

Fragen	Erläuterung / Beispiel
Basisinformation	
Was/welcher Sachverhalt/welche Information wird dargestellt?	Titel/Überschrift und ggf. Zusatzangaben beachten
Welche Darstellungsform liegt vor?	Tabelle/Diagramm (Art des Diagramms, z. B. Linien-, Säulen-, Balken-, Flächen-, Kreis-, Torten-, Blockdiagramm)

Wie werden Zahlenwerte dargestellt? Welche Einheiten werden verwendet?	– absolute Zahlen = Mengenangaben – relative Zahlen = % – Indexzahlen = ausgehend von einer Basiszahl, z. B. 100; werden Veränderungen auf diese umgerechnet?
Welcher Zeitraum und welche Zeiteinteilung wurden für die Statistik gewählt?	– Angaben von Werten je Monat, Jahr, Jahrzehnt – Abstände zwischen den einzelnen Werten in Monaten, Jahren, Jahrzehnten
Aus welcher Quelle stammt die Statistik?	z. B. Wirtschaftsforschungsinstitut/ Regierung/Unternehmen
ggf.: An welchen Adressatenkreis richtet sich das statistische Material?	z. B. an die interessierte Öffentlichkeit, an Kunden, an Geschäftspartner, an staatliche Institutionen

Beschreibung

Einzelne Datenreihen bzw. grafische Elemente (Kurven, Balken o. Ä.)	– Wie verhalten sich Anfangs- und Endwert zueinander? – Wie ist der Datenverlauf: stetig, schwankend? – Wo liegen Maxima, Minima, Plateaus?
Vergleich mehrerer Datenreihen: Welche Parallelen oder Unterschiede liegen vor?	Vergleich von Anfangs- und Endwerten und des Verlaufs (vgl. oben)

Interpretation

Wie lassen sich der Verlauf bzw. Veränderungen erklären?	Ursachen/Gründe
Bei Vergleichen: Welche Gründe gibt es für Unterschiede bzw. Parallelen?	Ursachen/Gründe
Welche Schlussfolgerungen lassen sich ziehen?	z. B. zukünftige Entwicklung
Welchen Zweck verfolgt die Darstellung?	Dient die Darstellung – zur Information? – als Erklärung? – als Handlungsempfehlung? – als Aufforderung?
ggf.: Welche Informationen fehlen in der Darstellung?	z. B. Zeitpunkte oder -räume, Vergleichsgrößen, andere Angaben
ggf.: Versucht die Darstellung zu manipulieren?	z. B. durch selektive Darstellung oder Hervorhebung, grafische Effekte etc.

Beispiel: siehe Lösung zu Übungsaufgabe VWL 6, Teilaufgabe 2.

3.4 Interpretation von Karikaturen

Karikaturinterpretationen sind eine gängige Aufgabenform im Fach Wirtschaft und Recht. Folgende Vorgehensweise ist zu empfehlen:

- Erst die relevanten Elemente der Karikatur beschreiben: Text- und Bildelemente.
- Soweit erforderlich, den relevanten Elementen Bedeutung zuordnen.
- Dann die Karikatur interpretieren: Was wird kritisiert, problematisiert bzw. lächerlich gemacht?
- Falls verlangt, den Hintergrund der Fragestellung mit berücksichtigen.

Beispiel: siehe Lösung zu Übungsaufgabe VWL 3, Teilaufgabe 6, sowie Lösung zu Übungsklausur VWL 4, Teilaufgabe 5.

3.5 Arbeiten mit Gesetzestexten

Informationen, die man aus Gesetzestexten, die auch in Prüfungen verwendet werden dürfen, erarbeiten kann, müssen Sie nicht auswendig lernen. Die Prüfungsvorbereitung wird so von rein reproduktiv orientierter Lernarbeit entlastet.
Das Erarbeiten von Informationen aus Gesetzestexten nennt man „Normenanalyse“. In der Regel folgt der Aufbau von Gesetzestexten dem Schema Tatbestandsmerkmale und Rechtsfolgen, d. h. Voraussetzungen und Ergebnisse bei diesen gegebenen Voraussetzungen. In dieser Weise sollte die Analyse der Rechtsnormen erfolgen. Manche Rechtsnormen beinhalten auch Rahmenbedingungen. So ist z. B. der Schutz der Umwelt in Art. 20a GG und 141 BV enthalten.

3.6 Lösen von Rechtsfällen

Grundschema zur Überprüfung von Anspruchsgrundlagen

I. Vertragliche und vertragsähnliche Ansprüche
- A. Vorprüfung: Ist ein wirksamer Vertrag zustande gekommen?
- B. Vertragliche Ansprüche
  - – Primäransprüche: Wurden alle vertraglichen Pflichten erfüllt?
  - – Sekundäransprüche: Gab es Leistungsstörungen/Pflichtverletzungen?
    1. Verspätete Leistung/Annahme
    2. Sachmangel
- C. Ergänzende Vorschriften zum Verbrauchsgüterkauf, v. a. §§ 474 ff.

II. Ansprüche aus Eigentum und Besitz
1. Herausgabeanspruch aus § 985 BGB
2. Gutgläubiger Eigentumserwerb § 932 ff.

III. Ansprüche aus ungerechtfertigter Bereicherung
1. Grundtatbestand § 812 BGB
2. Sondertatbestand § 816 BGB

IV. Ansprüche aus unerlaubter Handlung

V. Ergänzende Vorschriften
- Allgemeine Geschäftsbedingungen §§ 305–310 BGB
- Vorschriften zu besonderen Vertriebsformen §§ 312 ff.

Prägen Sie sich diesen Aufbau gut ein, ehe Sie die Einzelheiten des Grundschemas durcharbeiten. Der Aufbau gibt gleichzeitig die Reihenfolge an, die man bei der Prüfung der einzelnen Ansprüche einhalten sollte.

Anleitung zur Lösung von Rechtsfällen

Rechtsfälle sind meist verbal zu lösen. Stichpunktartige Lösungen werden dem Anforderungsniveau in vielen Fällen nicht gerecht. Folgende Vorgehensweise hat sich bewährt:

1. **Tatbestand**
   Erfassen des Tatbestands (Was ist geschehen?)
   – Sachverhalt genau durcharbeiten.
   – Rechtserhebliche Tatsachen unterstreichen, z. B. Daten, Altersangaben, Vereinbarungen, Termine, Nachlässigkeiten …

2. **Streitpunkte**
   Feststellen der Streitpunkte (Wer will was von wem?)

3. **Normen/Rechtsgrundlagen**
   Aufsuchen der anwendbaren Rechtsvorschriften
   – Anspruchsgrundlagen-Schema anwenden! Ggf. Register- und Inhaltsverzeichnis des Gesetzbuchs verwenden – Abschnitte aufschlagen und nachlesen – §§ notieren.
   – Die Systematik des BGB beachten!

4. **Normenanalyse I: Tatbestandsmerkmale**
   Feststellung der Tatbestandsmerkmale (Welche Voraussetzungen müssen erfüllt sein?)
   – Mit dem BGB arbeiten.
   – Gegebenenfalls Hilfsvorschriften suchen, Querverweise beachten!

5. **Subsumtion**
   Überprüfung der Tatbestandsmerkmale am vorliegenden Sachverhalt:
   Sind die Voraussetzungen erfüllt? Jede Entscheidung ist zu begründen!
   – Tatbestandsmerkmale einzeln mit Tatbestand laut Text vergleichen, abhaken und begründen.

6. **Normenanalyse II: Rechtsfolgen**
   Feststellen der Rechtsfolgen (Wer kann was von wem woraus verlangen?)
   – Vgl. Vorgehensweise unter 4.!

7. **Zusammenfassung, Entscheidung**
   Wie ist die Rechtslage? Fragestellung **genau** beachten und beantworten!

	Ja	Teilweise	Nein	Weiß nicht
METHODENKOMPETENZ				
Kenne ich die Operatoren sowie ihr Anspruchsniveau?	☐	☐	☐	☐
Beherrsche ich die ggf. erforderlichen grafischen Modelle (z. B. Marktmodelle, Kostenfunktionen)?	☐	☐	☐	☐
Beherrsche ich die gängigen Arbeitsweisen (z. B. Auswertung von Statistiken, Subsumtion)?	☐	☐	☐	☐
Sind meine Berechnungen nachvollziehbar?	☐	☐	☐	☐
Gebe ich im Bereich Recht relevante Rechtsnormen an?	☐	☐	☐	☐
Beherrsche ich Fachtermini und setze ich sie gezielt ein?	☐	☐	☐	☐
Sind meine Lösungen klar strukturiert?	☐	☐	☐	☐
Sind meine Lösungen auf die Aufgabe fokussiert, d. h., alles Relevante und nichts Überflüssiges ist enthalten?	☐	☐	☐	☐
Kann ich mir die Arbeitszeit sinnvoll einteilen?	☐	☐	☐	☐
FORMALIA				
Schreibe ich leserlich und orthografisch korrekt?	☐	☐	☐	☐
Kennzeichne ich Sinnabschnitte durch Absätze?	☐	☐	☐	☐
Nummeriere ich Antworten, ggf. Querverweise bzw. Fußnoten eindeutig?	☐	☐	☐	☐
Lasse ich Abstand zwischen zwei Lösungen?	☐	☐	☐	☐
Verwende ich korrekte Zitier-/Verweistechniken?	☐	☐	☐	☐
Sind meine Zeichnungen sauber und übersichtlich?	☐	☐	☐	☐
FACHINHALTE				
Bin ich inhaltlich gut vorbereitet?	☐	☐	☐	☐
Kann ich die gängigen Theorien und Modelle auf Sachverhalte in Aufgaben anwenden?	☐	☐	☐	☐
Überblicke ich aktuelle Entwicklungen zu den für die Klausur relevanten wirtschaftspolitischen Themen?	☐	☐	☐	☐
Kenne ich die aktuellen wirtschaftspolitischen Entscheidungsträger (z. B. zur Karikaturinterpretation)?	☐	☐	☐	☐
Kenne ich mich im BGB aus und ist mein BGB in erlaubter Weise präpariert?	☐	☐	☐	☐
URTEILSBILDUNG				
Kann ich kritisch verschiedene Perspektiven einnehmen?	☐	☐	☐	☐
Kann ich ein begründetes Urteil fällen?	☐	☐	☐	☐

Klausuren Wirtschaft und Recht
BWL 1: Betriebliche Entscheidungen

Bearbeitungszeit: 90 Minuten

Thema: Betriebliche Entscheidungen

Aufgabenstellung

1. „Unternehmen sind nur auf Profit aus." Erläutern Sie die Stammtischbehauptung und widerlegen Sie diese mithilfe der Ziele der Reifen AG (M 1). Erstellen Sie dazu eine systematische Übersicht über die in M 1 formulierten Ziele des Unternehmens.
2. Arbeiten Sie mithilfe selbst gewählter Beispiele unterschiedliche Zielbeziehungen zwischen wesentlichen Zielen der Reifen AG aus M 1 und M 2 heraus.
3. Überprüfen Sie mithilfe der Daten aus M 3 die Aussage aus M 1, dass die Reifen AG für Investoren und Aktionäre „nachhaltig den Wert des Unternehmens durch größtmögliche Rentabilität" (M 1, Z. 33) steigert.
4. Ermitteln Sie mithilfe der Informationen aus M 4 grafisch und rechnerisch die Gewinnzone bei der Produktion der Spezialreifen. Gehen Sie dabei immer von einem Komplettsatz Reifen aus und berechnen Sie den voraussichtlichen kurzfristig realisierbaren Gesamtgewinn pro Jahr. Setzen Sie für die Berechnung die erforderlichen Zahlen in die folgende allgemeine Kostenfunktion ein: $K(x) = a\,x + b$.
5. Nehmen Sie zur Behauptung des Managements Stellung, dass eine steigende Kapazitätsauslastung ein „Garant[ ] für steigende Unternehmensgewinne" sei (M 2, Z. 7) und zeichnen Sie diese Situation in Ihre Grafik zu Aufgabe 4 ein.

M 1: 100 Jahre mobile Geschichte

Die Reifen AG bestimmt seit über 100 Jahren den Markt für Reifen und Reifenprodukte entscheidend mit. Das Programm umfasst allein 3 300 Reifentypen vom kleinsten Einzelreifen von kaum 200 Gramm Gewicht bis zum 6 Tonnen schweren Spezialreifen. Eingesetzt werden diese Produkte in nahezu allen denkbaren Fahr- und Flugzeugen, vom Rennrad bis zum Airbus.

Hinter diesem Produktportfolio steht ein Konzern mit weltweit über 129 000 Mitarbeitern, die in 19 Ländern tätig sind. Allein in Deutschland unterhält die Reifen AG fünf Produktionsstätten. Über 8 500 Menschen sind am Standort Deutschland tätig.

Schon immer hat unser Unternehmen hohe, ja höchste Ansprüche an sich und seine Mitarbeiter gestellt. Über die Ambitionen bestehen im Unternehmen nicht die geringsten Zweifel. Die Reifen AG will trotz der scharfen chinesischen Konkurrenz ein Marktführer sein und als Erfinder und als Qualitätsanbieter ihre Position als eines der wertvollsten Unternehmen in Europa stabilisieren. Dazu wollen wir den Weltmarktanteil von gut 20 % halten und weiter ausbauen. Wir bleiben das innovativste Unternehmen für Reifen und Fahrwerksysteme. Die Reifen AG entwickelt ihre Reifen ständig weiter. Ziel: beste Laufeigenschaften bei geringstmöglichem Rollwiderstand. Wären alle Autos dieser Welt mit diesen fortschrittlichen Reifen ausgerüstet, könnte man Jahr für Jahr Milliarden Liter Kraftstoff sparen oder Millionen Tonnen des Treibhausgases CO_2. Geliebt von unseren Kunden bieten wir in jedem Marktsegment, das wir bedienen, Produkte und Serviceleistungen in bester Qualität zum besten Preis. Im Bereich Spezialreifen wollen wir unser Geschäftsvolumen noch weiter ausbauen. Dazu wird die Kapazität unseres Hauptstandorts durch eine Investition von 85 Mio. Euro um fast 50 % erweitert werden. Unabhängig von der derzeitigen konjunkturellen Schwäche auf dem Weltmarkt werden wir auch in den kommenden Jahren umfangreiche Investitionen tätigen, um vor allem in Asien und Südamerika die Produktion und das Vertriebsnetz auszubauen und so erfolgversprechende Zukunftsmärkte zu erschließen. Als begehrter Arbeitgeber wollen wir, dass unsere Mitarbeiter an der ihnen übertragenen Verantwortung wachsen und sich entfalten. Trotz massiver Auftragsrückgänge wollen wir an ausgewählten Standorten in Deutschland kein Personal abbauen, sondern haben den Betriebsräten einen Zukunftspakt vorgeschlagen, der für Arbeitszeiterhöhungen ohne Lohnausgleich im Gegenzug eine Standortgarantie bietet. Geschätzt von Investoren und Aktionären in aller Welt steigern wir nachhaltig den Wert des Unternehmens durch größtmögliche Rentabilität unserer Aktivitäten und unserer Investitionen. Die Umsatzrentabilität soll auf 10 % klettern und sich damit an die Werte der anderen Branchenführer annähern. Außerdem sind wir ein Unternehmen, das sich harmonisch in das gesellschaftliche Umfeld einfügt. Gestern, heute und in Zukunft stellen wir uns konsequent unserer Verantwortung, indem wir nach unseren Werten handeln. Die Reifen AG investiert jährlich mehr als 8,4 Millionen Euro und 17 000 Arbeitstage in Weiterbildung (54 %), Sport-, Kultur- und Wohltätigkeitsveranstaltungen (33 %) sowie Mobilität, speziell Verkehrssicherheitsprojekte (13 %).

M 2: 100 Millionen Energiesparreifen in 5 Jahren

Obwohl der Markt für Reifen insgesamt rückläufig ist, verfolgt die Reifen AG bei ihrem neuen „Grünen Reifen" ambitionierte Absatzziele: In den nächsten fünf Jahren will der Reifenhersteller europaweit 100 Millionen Reifen dieses Typs im Ersatzmarkt und in der Erstausrüstung absetzen. Damit könnte der Umweltreifen das meistverkaufte Produkt des Unternehmens werden. Das Management sieht darin nicht nur einen Beitrag zur Nachhaltigkeit, sondern durch die steigende Kapazitätsauslastung auch einen Garanten für steigende Unternehmensgewinne.

M 3: Ausgewählte Zahlen aus dem Geschäftsbericht (in Mio. Euro)

	Berichtsjahr	Vorjahr		Berichtsjahr	Vorjahr
Umsatz	16 408	16 867	Eigenkapital	5 290	5 290
Zinsaufwand	255	258	Mittel- und langfristige Schulden	6 693	6 448
Gewinn	357	772	Kurzfristige Schulden	4 788	4 711

M 4: Wirtschaftlichkeitsanalyse: Neue Produktionsanlage für Spezialreifen

Fixkosten der Anlage pro Jahr	720 000 €
Variable Kosten pro Stück	1 800 €
Voraussichtlicher Verkaufspreis pro Reifensatz	3 240 €
Jahreskapazität der Anlage	2 000 Stück
Voraussichtliche kurzfristige Kapazitätsauslastung	60 %
Voraussichtliche langfristige Kapazitätsauslastung	100 %

Gewichtung der Teilaufgaben: 25 % : 15 % : 20 % : 25 % : 15 %

Lösungsvorschläge

1. *Die Lösung erfordert eine Textanalyse von M 1. Dabei dürfen Ziele nicht mit Maßnahmen verwechselt werden. Aus den Ergebnissen ist eine systematische Übersicht, d. h. z. B. eine Tabelle, ein Baumdiagramm o. Ä., zu erstellen, mit deren Hilfe die Stammtischparole widerlegt werden soll. Der Textbezug ist durch Zitate und Zeilenangaben eindeutig herzustellen.*

Übersicht

Ziele der Reifen AG

- **Rentabilitätsziele**
  - Marktführerschaft: → Weltmarktanteil von 20 % halten und ausbauen (vgl. Z. 11 ff.)
  - Geschäftsvolumen bei Spezialreifen weiter ausbauen (vgl. Z. 21 f.)
  - erfolgversprechende Zukunftsmärkte in Asien und Südamerika erschließen (vgl. Z. 23 ff.)
  - Wertsteigerung des Unternehmens durch größtmögliche Rentabilität: Umsatzrentabilität auf 10 % erhöhen (vgl. Z. 32 ff.)
- **Ökologische Ziele**
  - innovativstes Unternehmen für Reifen und Fahrwerksysteme → Entwicklung fortschrittlicher Reifen mit geringstmöglichem Rollwiderstand zur CO_2-Reduktion (vgl. Z. 14 ff.)
- **Soziale Ziele**
  - als begehrter Arbeitgeber Arbeitsplätze in Deutschland halten → Zukunftspakt (vgl. Z. 28 ff.)
  - Übernahme gesellschaftlicher Verantwortung (vgl. Z. 35 ff.)

Erläuterung der Behauptung

Die Stammtischbehauptung, Unternehmen seien nur auf Profit aus, soll heißen, dass sie ausschließlich **Rentabilitätsziele** verfolgen, indem sie versuchen, ihren **Gewinn** zu **maximieren**, beispielsweise durch Rationalisierungsmaßnahmen wie Entlassungen. Für die Reifen AG wären dies z. B. die in der Grafik ganz links genannten Ziele, insbesondere die Erhöhung der Umsatzrentabilität auf 10 % (vgl. M 1, Z. 34 f.).

Widerlegen der Behauptung

Diese Behauptung stimmt nicht, da Unternehmen i. d. R. ein Zielbündel verfolgen, z. B. auch ökologische und soziale Ziele.

Argumentation mit klarem Bezug zur Grafik

Ökologische Ziele dienen dem **Erhalt der natürlichen Lebensgrundlagen**, z. B. indem die Umweltbelastung reduziert wird. Bei der Reifen AG liegt der Schwerpunkt auf der Entwicklung fortschrittlicher Reifen mit geringstmöglichem Rollwiderstand zur CO_2-Reduktion (vgl. Z. 16 ff).

Soziale Ziele haben einen **positiven Effekt auf die Gesellschaft** bzw. die Menschen innerhalb und im Umfeld des Unternehmens. Die Reifen AG setzt sich soziale Ziele, indem sie trotz Auftragsrückgang im Rahmen eines „Zukunftspakt[s]“ (Z. 30) auf Entlassungen verzichtet (vgl. Z. 28 ff) und zudem zur Übernahme gesellschaftlicher Verantwortung bereit ist (vgl. Z. 37 ff).

2. *„Herausarbeiten" bedeutet, die Zielbeziehungen schlüssig darzustellen.*

Ziele können in konkurrierender, komplementärer oder indifferenter Beziehung zueinander stehen. **Konkurrierende Ziele** behindern sich gegenseitig bei der Zielerreichung, **komplementäre Ziele** fördern sich gegenseitig und **indifferente Ziele** beeinflussen sich gar nicht.

Arten von Zielbeziehungen

Das ökologische Ziel, innovative Reifen zur Reduktion der CO_2-Emissionen flächendeckend zu verkaufen, verhält sich komplementär zum Rentabilitätsziel Marktführerschaft, da bei Erreichen der „ambitionierte[n] Absatzziele" (M 2, Z. 2) der „Umweltreifen das meistverkaufte Produkt des Unternehmens werden" (M 2, Z. 4 f.) könnte. Auch das Ziel der Wertsteigerung des Unternehmens über eine höhere Umsatzrentabilität (vgl. M 1, Z. 32 ff.) würde durch die höheren Verkaufszahlen des Umweltreifens gefördert, da die „steigende Kapazitätsauslastung auch einen Garanten für steigende Unternehmensgewinne" (M 2, Z. 6 f.) darstelle. Die Personalpolitik der Reifen AG könnte konkurrierend zum rentabilitätsorientierten Ziel der Steigerung der Umsatzrentabilität auf 10 % sein, da die Reifen AG „[t]rotz massiver Auftragsrückgänge" (M 1, Z. 28 f.) auf Entlassungen verzichtet und stattdessen eine Standortgarantie bietet. Die Arbeitszeiterhöhung ohne Lohnausgleich wirkt zwar entlastend, aber nur wenn der Effekt des „Zukunftspakt[s]" (M 1, Z. 30) die Einbußen durch den Auftragsrückgang überkompensiert, kann daraus ein positiver Effekt für die Umsatzrendite entstehen.

Konkrete Beispiele

Als indifferent könnten z. B. die sozialen Ziele im Bereich der Kulturveranstaltungen (vgl. M 1, Z. 38 ff.) und das Ziel des Ausbaus von Produktion und Absatz in Asien gesehen werden (vgl. M 1, Z. 23 ff.), sofern das Kultursponsoring dort nicht werbewirksam vermarktet wird.

3. *Der Operator „überprüfen" erfordert hier einen kritischen Vergleich zwischen der Aussage aus M 1 und den tatsächlichen Daten in M 3. Dabei ist auf alle wesentlichen Elemente der Aussage Bezug zu nehmen. Anstelle der Berechnung von Rentabilitätskennziffern ist ggf. auch eine rein verbale Lösung denkbar, die aussagekräftig diejenigen Zahlen aus M 3 einbezieht, die Einfluss auf die Rentabilität des Unternehmens haben. Ein Fazit wird erwartet.*

Das **Management** bezieht sich in seiner **Aussage** auf die „Investoren und Aktionäre[ ]" (M 1, Z. 32) der Reifen AG, auf den „Wert des Unternehmens" (Z. 33), auf „größtmögliche Rentabilität" (Z. 33) und speziell auf die „Umsatzrentabilität" (Z. 34).

Bezug zur Aufgabe

Als Rentabilität bezeichnet man allgemein das Verhältnis einer erzielten Ertragsgröße (z. B. Gewinn) zum eingesetzten Kapital.

Erklären des Fachbegriffs

Für die **Aktionäre**, also die Eigentümer des Unternehmens, ist die **Eigenkapitalrentabilität** eine relevante Größe. Sie gibt das Verhältnis von Gewinn zu eingesetztem Eigenkapital an, d. h. quasi die Verzinsung, die das in das Unternehmen investierte Eigenkapital erbracht hat. Vergleicht man diese mit der Verzinsung anderer Geldanlagen, kann man sehen, ob die Investition in dieses Unternehmen mehr oder weniger erfolgversprechend ist. (Bei Aktien spielen allerdings Kurswert und -schwankungen sowie die tatsächlich gezahlte Dividende ebenfalls eine wichtige Rolle.)

Relevante Größe: Eigenkapitalrentabilität

$$\text{Eigenkapitalrentabilität} = \frac{\text{Gewinn}}{\text{Eigenkapital}} \cdot 100\ \%$$

Für **Investoren** generell kann auch die vom Management genannte **Umsatzrentabilität** interessant sein, um die finanzielle Leistungsfähigkeit zu beurteilen, da sie zeigt, wie viel Gewinn ein Unternehmen pro Euro Umsatz erzielt hat. Eine Umsatzrentabilität von z. B. 5 % bedeutet einen Gewinn von 5 Cent je Euro Umsatz. Interessant ist hier v. a. die Veränderung dieses Werts im Zeitverlauf bzw. der Vergleich mit den Zahlen anderer Unternehmen der gleichen Branche.

Relevante Größe: Umsatzrentabilität

$$\text{Umsatzrentabilität} = \frac{\text{Gewinn}}{\text{Umsatz}} \cdot 100\ \%$$

Für das Berichtsjahr und das Vorjahr ergibt sich für die **Reifen AG** folgendes Bild: **Umsatz** und **Gewinn** sind im Berichtsjahr gegenüber dem Vorjahr um mehr als 400 Mio. gesunken. Der **Gewinn** ist dabei um 44 Mio. weniger gesunken als der Umsatz, d. h., dass die Reifen AG entweder die Kosten in entsprechendem Umfang senken konnte oder andere Einnahmen hatte, z. B. aus Beteiligungen, sodass der Umsatzrückgang nicht voll auf den Jahresüberschuss durchgeschlagen hat. Dennoch hat sich der Wert der **Umsatzrentabilität** massiv verschlechtert: Er ist von 4,6 % auf 2,2 % gesunken, hat sich also mehr als halbiert. Dies lag vermutlich an der „konjunkturellen Schwäche" (M 1, Z. 24) und den damit verbundenen „massive[n] Auftragsrückgänge[n]" (Z. 29).

Umsatz und Gewinn der Reifen AG

Die **Eigenkapitalrentabilität** hat sich in den beiden Jahren ebenfalls von hervorragenden 14,6 % auf 6,7 % mehr als halbiert. Außerdem sind die **Schulden** im Berichtsjahr generell höher als im Vorjahr und v. a. aufgrund der um 245 Mio. höheren mittel- und langfristigen Schulden stehen noch höhere zukünftige Ausgaben an.

Fazit: Für die genannten Jahre kann die Aussage der Reifen AG aus den gegebenen Zahlen nicht bestätigt werden. Das Ziel einer Umsatzrentabilität von 10 %, das bereits im Vorjahr bei einer

Abschließendes Fazit

Ausgangsgröße von 4,6 % ehrgeizig war, erscheint bei 2,2 % im Berichtsjahr utopisch. Auch die Halbierung der Eigenkapitalrentabilität und der Anstieg der Schulden sprechen nicht für eine Wertsteigerung des Unternehmens. Da allerdings nur Daten zu zwei Jahren gegeben sind, kann über die „**Nachhaltigkeit**" der Entwicklung keine Aussage getroffen werden.

4. *Aus den Textangaben sind zunächst die Kosten- und die Erlösfunktion aufzustellen und die Kapazitätsauslastung von 60 % zu berechnen. Die Gewinnzone ist zu berechnen und grafisch zu ermitteln. Ein Antwortsatz wird erwartet.*

Berechnung:

Berechnungen

K(x) = 1 800 x + 720 000

E(x) = 3 240 x

60 % Kapazitätsauslastung = 0,6 · 2 000 Stück = 1 200 Stück

Gewinnschwelle:

E(x) = K(x); → 3 240 x = 1 800 x + 720 000 → x = 500

Kurzfristiger Gesamtgewinn bei 60 % Auslastung:

G (1 200) = E (1 200) – K (1 200) = 1 008 000

Nutzengrenze bei linearem Kostenverlauf an der Kapazitätsgrenze: → x = 2 000

Ergebnis: Die **Gewinnzone** beginnt bei 500 Stück und endet an der Kapazitätsgrenze von 2 000 Stück. Der kurzfristig realisierbare **Gesamtgewinn bei 60 %** Kapazitätsauslastung, also bei 1 200 Stück, beträgt 1 008 000 €.

Ergebnis

Grafische Ermittlung:

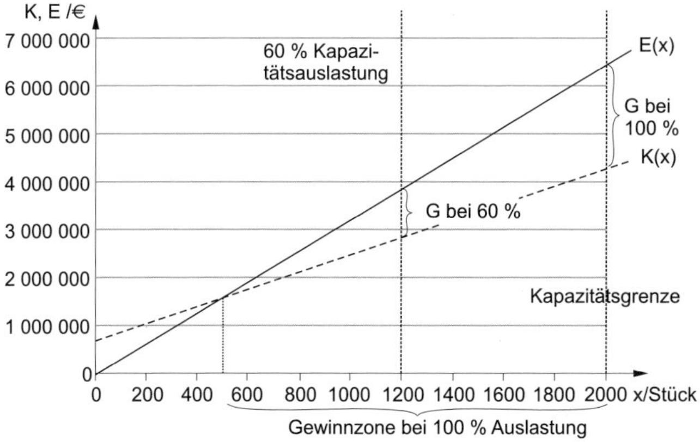

Übersichtliche grafische Darstellung

(Die Grafik enthält auch die Lösung zu 5.)

5. *Eine „Stellungnahme" erfordert eine kritische Überprüfung des formulierten Zusammenhangs zwischen Kapazitätsauslastung und Gewinn. Ein Fazit wird daher erwartet. Eine Kennzeichnung in der Grafik zu Aufgabe 4 ist erforderlich.*

Allgemeine Erläuterung des Zusammenhangs

Bei einer linearen Kostenfunktion und einer linearen Erlösfunktion wandern die beiden Graphen rechts von der Gewinnschwelle stetig weiter auseinander. Das heißt, dass mit höherer produzierter **Stückzahl**, also höherer **Kapazitätsauslastung**, auch die Differenz zwischen Erlös und Kosten zunimmt, sich also der **Gewinn** erhöht (vgl. Grafik zu 4: G bei 60 % und G bei 100 %). Die Modellbetrachtung bestätigt also die Aussage des Managements, dass mit höherer Kapazitätsauslastung auch der Gewinn steigt.

Grenzen des beschriebenen Zusammenhangs

In der Realität ist eine höhere Kapazitätsauslastung allerdings auch mit höheren **fixen Kosten** verbunden, da Maschinen stärker verschleißen und häufiger gewartet werden müssen. Ggf. steigen auch die **variablen Kosten** überproportional, weil teure Überstunden anfallen. Außerdem bedeutet eine höhere Produktionsmenge nicht automatisch, dass diese auch verkauft werden kann. Bleibt die Ware im Lager liegen, stehen den Produktionskosten keine entsprechenden **Erlöse** gegenüber, sodass ggf. der Gewinn sogar sinken kann.

Fazit

Fazit: Auch wenn die Aussage in der Modellbetrachtung stimmt, kann in der Realität mangels Absatzgarantie eine höhere Kapazitätsauslastung nicht automatisch als „Garant[ ] für steigende Unternehmensgewinne" (M 2, Z. 7) betrachtet werden.

Checkliste

Aspekt	Ja	Teilweise	Nein	Weiß nicht
TEILAUFGABE 1				
Spiegelt meine Lösung die Dreiteilung der Aufgabenstellung wider (erläutern/widerlegen/Übersicht)?	☐	☐	☐	☐
Habe ich die Ziele der Reifen AG vollständig aus M 1 herausgearbeitet?	☐	☐	☐	☐
Habe ich Bezüge zu M 1 mit Zeilenangaben hergestellt?	☐	☐	☐	☐
Habe ich die Gliederung in Rentabilitätsziele, ökologische und soziale Ziele gewusst und angewandt?	☐	☐	☐	☐
Habe ich Bezüge zwischen Übersicht und Text innerhalb meiner Lösung hergestellt?	☐	☐	☐	☐

TEILAUFGABE 2				
Habe ich die verschiedenen Arten von Zielbeziehungen gewusst (Fachbegriffe und Definitionen/Erläuterungen)?	☐	☐	☐	☐
Habe ich die Lösung klar gegliedert in allgemeine Beschreibung der theoretischen Zielbeziehung und konkrete Beispiele für die Reifen AG mit Textbezug?	☐	☐	☐	☐
Sind meine gewählten Beispiele passend?	☐	☐	☐	☐
TEILAUFGABE 3				
Habe ich den Inhalt der zu überprüfenden Aussage korrekt erfasst (Zielgruppen und Rentabilität)?	☐	☐	☐	☐
Habe ich den Zusammenhang zwischen den einzelnen Zielgruppen und den relevanten Zahlen aus M 3 (verbale Lösung) bzw. Eigenkapital- und Umsatzrentabilität (rechnerische Lösung) erkannt und hergestellt?	☐	☐	☐	☐
Habe ich die Rentabilitätskennziffern korrekt berechnet (rechnerische Lösung) bzw. die relevanten Zahlen aus M 3 korrekt interpretiert (verbale Lösung)?	☐	☐	☐	☐
Enthält meine Lösung ein nachvollziehbares Fazit?	☐	☐	☐	☐
TEILAUFGABE 4				
Habe ich die Lösung grafisch und rechnerisch ermittelt?	☐	☐	☐	☐
Habe ich alle relevanten Größen/Werte ermittelt?	☐	☐	☐	☐
Sind die Ergebnisse meiner Berechnungen korrekt?	☐	☐	☐	☐
Habe ich die Angabe „kurzfristig" korrekt erfasst und die entsprechenden Werte zugeordnet?	☐	☐	☐	☐
Sind meine Berechnungen eindeutig nachvollziehbar?	☐	☐	☐	☐
Habe ich einen Antwortsatz formuliert?	☐	☐	☐	☐
Ist meine Grafik ausreichend groß und übersichtlich?	☐	☐	☐	☐
Habe ich alle relevanten Zeichnungselemente vollständig und korrekt bezeichnet?	☐	☐	☐	☐
TEILAUFGABE 5				
Habe ich den Zusammenhang zwischen Kapazitätsauslastung und Gewinn erklärt?	☐	☐	☐	☐
Habe ich in der Lösung auch die Grenzen des Zusammenhangs dargestellt?	☐	☐	☐	☐
Habe ich ein nachvollziehbares Fazit gezogen?	☐	☐	☐	☐
Habe ich die Grafik zu Aufgabe 4 mit der Lösung von Aufgabe 5 ergänzt?	☐	☐	☐	☐
Habe ich explizit durch einen Querverweis den Bezug zwischen Grafik und Lösungstext hergestellt?	☐	☐	☐	☐

Klausuren Wirtschaft und Recht
VWL 1: Wirtschaftspolitische Ziele und Konjunktur

Bearbeitungszeit: 80 Minuten

Thema: Wirtschaftspolitische Ziele, Konjunkturzyklus, Konjunkturindikatoren, Konjunkturpolitik, Wirtschaftsordnung

Die Finanz- und Bankenkrise ab dem Jahr 2008 stellte die Wirtschaftspolitik in Deutschland vor große Herausforderungen.

Aufgabenstellung

1. Erklären Sie auch unter Bezug auf M 1 ausführlich, was man unter einer „Rezession" versteht, und veranschaulichen Sie Ihre Erklärung mit einer Grafik, die einen idealtypischen Konjunkturzyklus darstellt.
2. Grenzen Sie auf der Basis Ihrer Grafik aus Aufgabe 1 einen realen Konjunkturzyklus in M 2 ein. Gehen Sie dabei auch auf Unterschiede zwischen Theorie und Realität ein.
3. Beschreiben und begründen Sie anhand der Diagramme in M 2 mögliche Zusammenhänge zwischen den abgebildeten Konjunkturindikatoren.
4. Beurteilen Sie, soweit möglich mithilfe von M 2, inwieweit die wirtschaftspolitischen Ziele des Stabilitätsgesetzes 2007/08 erreicht wurden. Begründen Sie Ihre Einschätzung schlüssig mit konkreten Angaben aus M 2.
5. Arbeiten Sie aus M 1 die Aussagen des IWF heraus, inwiefern eine Rezession infolge einer Bankenkrise Besonderheiten aufweist; gehen Sie bei Ihrer Antwort, soweit möglich, auch auf M 2 ein.
6. Begründen Sie mithilfe des Kreislaufmodells die Ergebnisse der IWF-Experten zum Ausmaß der Rezession im Gefolge einer Finanzkrise.

M 1: Düsterer Ausblick [im Jahr 2008] – Schlimmste Krise seit 1945

Die [...] Krise an den Finanzmärkten 2008 ist für Europas Zentralbankchef die schlimmste seit dem Zweiten Weltkrieg. Während der Internationale Währungsfonds (IWF) Amerika eine schwere Rezession vorhersagt, ringen Europas Regierungschefs um eine Antwort auf die Krise. [...] Die wirtschaftliche Abkühlung sei meist besonders drastisch, wenn sie auf eine Bankenkrise folge, erklärten die Volkswirte in dem halbjährlichen IWF-Weltwirtschaftsausblick. In einer Untersuchung von Finanzkrisen der vergangenen Jahrzehnte kommen die IWF-Experten zu dem Schluss, dass der Rückgang des Bruttoinlandsprodukts bei Rezessionen infolge einer Bankenkrise mindestens doppelt so hoch ausfalle wie bei anderen Konjunkturflauten. Außerdem dauere eine Rezession in diesem Fall dann auch typischerweise viel länger und der Crash treffe nahezu jeden.

Quelle: www.sueddeutsche.de, aufgerufen am 20. 10. 2008, bearbeitet

M 2: Konjunkturelle Entwicklung Deutschlands 1990–2011

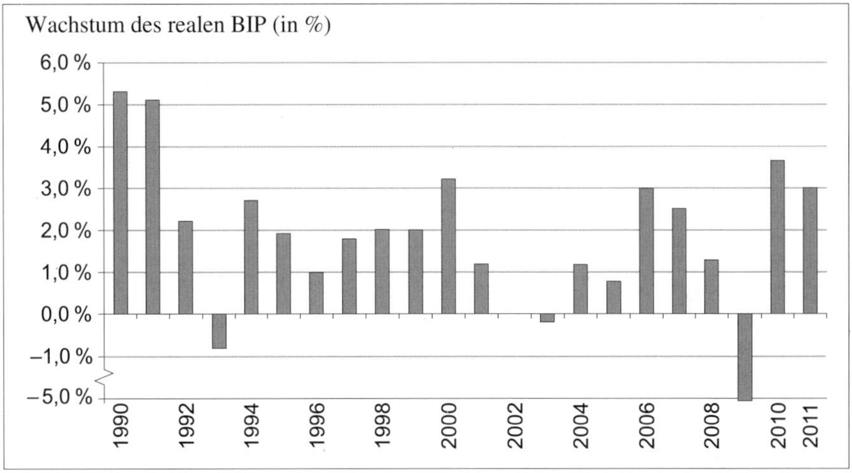

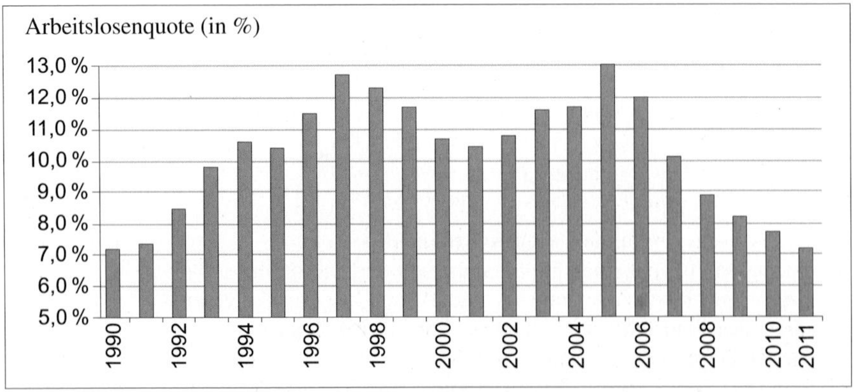

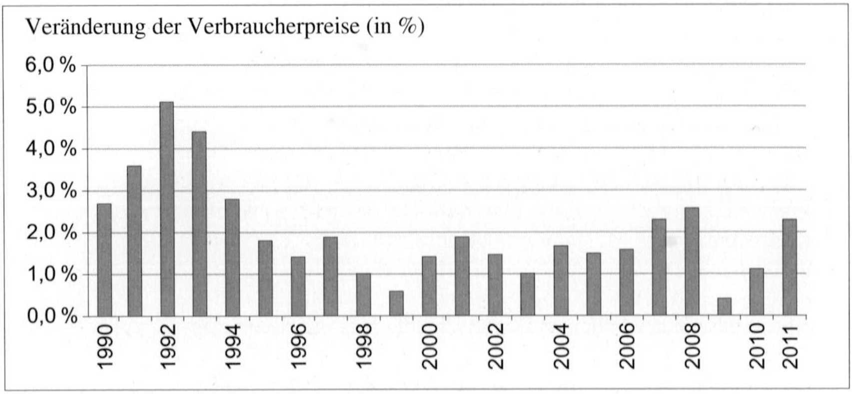

Quelle: Daten nach: Statistisches Bundesamt

Gewichtung der Teilaufgaben: 10 % : 20 % : 10 % : 25 % : 10 % : 25 %

Lösungsvorschläge

1. *Der Operator „erklären Sie ausführlich" geht über eine Beschreibung hinaus und erfordert auch die Darstellung von Ursachen und Folgen einer Rezession. Auf M 1 muss explizit Bezug genommen werden. Zitate mit Zeilenangaben sind optimal. Der Bezug zwischen Lösungstext und -grafik muss klar sein.*

Idealtypisch besteht ein **Konjunkturzyklus** aus vier Phasen, einer Aufschwungbewegung (I) und einer Abschwungphase (III) mit jeweiligem Wendepunkt (II und IV), sodass seine Form in etwa einer Sinuskurve entspricht (s. Abb. nächste Seite). Beschreibung des gesamten Zyklus

Die Maßgröße für die konjunkturelle Entwicklung ist die **Veränderung des realen Bruttoinlandsprodukts (BIP_{real}) im Vergleich zum Vorjahr** (y-Achse in der Grafik). Maßgröße

Für den Begriff „Rezession" gibt es verschiedene Definitionen. Folgt man den Aussagen in M 1, wird als **Abschwung** oder **Rezession** die Phase des Konjunkturzyklus bezeichnet, die sich an den temporären Höhepunkt in der Hochkonjunktur anschließt. Nach diesem Wendepunkt in der Abbildung (II) folgt eine Phase der „wirtschaftliche[n] Abkühlung" (M 1, Z. 4) oder auch **Rezession** (III; vgl. Z. 3, 8, 10). Der Zuwachs des BIP_{real} hat in der Rezession seinen Höhepunkt überschritten, d. h., die Wachstumsraten sind rückläufig (III). Der Rückgang des BIP_{real} kann dabei je nach Ursache und Dynamik des Abschwungs höher oder niedriger ausfallen und unterschiedlich lange dauern (vgl. Z. 8 ff.). Begriff der „Rezession"

Die Ursachen können sowohl auf der Angebots- als auch auf der Nachfrageseite liegen. In M 1 wird als Auslöser die Banken- und Finanzkrise genannt (vgl. Z. 5, 6 f., 8). Im Extremfall mündet eine Rezession in eine **Depression** (IV; vgl. auch „Crash", Z. 10), d. h. in eine länger andauernde Phase des sogenannten **Minuswachstums** mit negativen Zuwachsraten des BIP_{real}. Zum Teil wird auch erst diese Phase, in der das BIP_{real} in absoluten Zahlen betrachtet zurückgeht, als Rezession bezeichnet, nicht jedoch in M 1. Ursachen einer Rezession

Unabhängig davon, welche Definition man wählt, ist in der Rezession die gesamte Wirtschaftsentwicklung rückläufig, d. h., die Produktion wie auch die Nachfrage gehen zurück und damit verbunden auch die Beschäftigung; die Umsätze und Gewinne der Unternehmen schrumpfen, Löhne und Preise steigen nur noch langsam oder stagnieren. Manche Folgen treten mit zeitlicher Verzögerung ein. Folgen einer Rezession

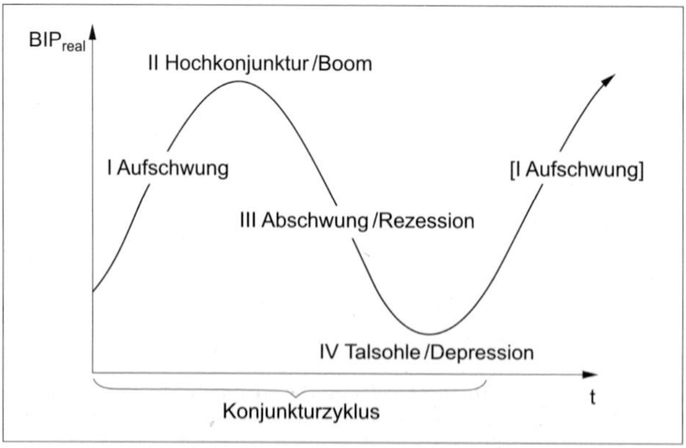

2. *Ein realer Konjunkturzyklus soll mithilfe von M 2 eingegrenzt werden und dabei sind auch Abweichungen vom idealtypischen Verlauf herauszuarbeiten. Dafür ist nur die erste Grafik aus M 2 relevant. Verschiedene Lösungen sind möglich. Alle Phasen des Konjunkturzyklus müssen abgedeckt sein.*

Eingrenzen des Zeitraums

In der ersten Grafik von M 2 kann ein **Konjunkturzyklus** beispielsweise von 1996–2003 abgegrenzt werden.

Phase 1: Aufschwung

Ein idealtypischer Konjunkturzyklus beginnt mit einer Aufwärtsbewegung. Beginnend ab dem unteren Wendepunkt wird die erste Phase als Erholung bzw. **Aufschwung** bezeichnet. In dieser Phase ziehen Nachfrage und Produktion nach einem Tiefpunkt wieder an, sodass das BIP_{real} mit zunächst zunehmenden Wachstumsraten steigt. Gegen Ende des Aufschwungs flacht der Zuwachs ab. Einen Aufschwung könnte man in M 2 nach 1996 erkennen. Allerdings ist der Verlauf nur anfangs nahezu idealtypisch erst steil und dann abflachend: Nach einem deutlichen Anstieg der Wachstumsrate von 1996 auf 1997 flacht die Entwicklung sofort wieder ab und stagniert 1999 sogar. Bis 2000 steigt jedoch das BIP_{real} nochmals steil an.

Phase 2: Hochkonjunktur

In der sich anschließenden **Hochkonjunktur**, auch **Boom** genannt, erreicht das Wirtschaftswachstum seinen temporären Höhepunkt. In M 2 wird dieser Höchststand 2000 sehr abrupt und nicht als Ende einer abflachenden Kurve erreicht.

Phase 3: Abschwung

An diesen Wendepunkt schließt sich die dritte Phase an, der **Abschwung** bzw. die **Rezession**. Idealtypisch hat der Zuwachs des BIP_{real} seinen Höhepunkt überschritten und die Wachstumsraten sind mit zunehmender Dynamik rückläufig. In M 2 folgt 2001/2002 auf den Höchstwert von 2000 abrupt ein steiler Abschwung, der bereits 2002 zum Nullwachstum führt.

Phase 4: Tief

Das **Konjunkturtief** ist 2003 mit einem Minuswachstum erreicht, erfüllt aber nicht die Definition einer idealtypischen **Depression** (vgl. Lösung zu 1), da es bereits ab dem Folgejahr wieder positive Zuwachsraten des BIP_{real} gibt. Insgesamt zeigt der Verlauf des BIP_{real} von 1996 bis 2003 zwar eine Aufwärts- und eine Abwärtsbewegung, allerdings weicht der Verlauf durch die Wachstumsspitze 2000 deutlich von der idealtypischen Form einer Sinuskurve ab.

3. *Mögliche Zusammenhänge zwischen den drei in M 2 dargestellten Indikatoren sollen beschrieben und begründet werden. Ein Bezug zu M 2, also die Verwendung konkreter Beispiele, ist notwendig.*

Gemeinsamkeiten der Indikatoren

Allen drei Indikatoren ist gemeinsam, dass sie den Konjunkturverlauf widerspiegeln, allerdings bestehen Unterschiede in ihrer zeitlichen Beziehung zum Konjunkturverlauf und in der Intensität der Ausschläge. Beim Wachstum des BIP_{real} handelt es sich um einen **Präsenzindikator**, der theoretisch zeitnah Aussagen über die aktuelle Konjunkturphase zulässt. Allerdings kommt es darauf an, zu welchem Zeitpunkt die Daten zur Ermittlung des BIP vorliegen; daher wird dieser Indikator, wenn er sich nicht auf Monate oder Quartale, sondern auf das gesamte Jahr bezieht, auch als Spätindikator eingeordnet. Die Arbeitslosenquote und die Veränderung der Verbraucherpreise sind **Spätindikatoren**, die auf die Konjunkturentwicklung zeitlich verzögert reagieren.

Zusammenhang zwischen BIP_{real} und Arbeitslosenquote mit Begründung

Das $\mathbf{BIP_{real}}$ und die **Arbeitslosenquote** entwickeln sich idealtypisch gegenläufig, allerdings i. d. R. zeitversetzt. Einem Höchststand des Wirtschaftswachstums in den Jahren 1990 und 1991 mit jeweils über 5 % steht zwar ohne zeitliche Verzögerung die niedrigste Arbeitslosenquote von jeweils knapp über 7 % gegenüber. Weitere Spitzen der BIP-Entwicklung in den Jahren 1994, 2000 und 2006 führen aber jeweils zu sinkenden Arbeitslosenquoten erst in den Folgejahren 1995, 2001 und 2007, da Unternehmen vor Neueinstellungen zunächst Kurzarbeit abbauen und Überstunden einsetzen. Umgekehrt zeigt sich der Höchststand der Arbeitslosigkeit nach dem BIP-Tief von 1996 erst mit einem Jahr Verzögerung, da bei geringerem Auftragseingang und sinkender Kapazitätsauslastung v. a. bei qualifiziertem Personal zunächst mit einem Abbau von Überstunden und der Zunahme von Kurzarbeit reagiert wird, bevor Entlassungen folgen. Auch restriktive Kündigungsschutzregelungen haben einen verzögernden Effekt.

Zusammenhang zwischen BIP_{real} und Verbraucherpreisen mit Begründung

Zwischen dem $\mathbf{BIP_{real}}$ als Indikator für das Wirtschaftswachstum und den **Verbraucherpreisen** besteht ein Zusammenhang über die Konsumgüternachfrage und die **Lohn-Preis-Spirale**. Eine anhaltend steigende Nachfrage führt bei den Unternehmen zu einer höheren Kapazitätsauslastung. Sofern es zu Engpässen kommt, haben die Unternehmen in den betroffenen Wirtschaftsbereichen Preisspielräume nach oben und können mit Preiserhöhungen reagieren. Daher entwickeln sich die beiden Indikatoren ähnlich: Hohe BIP-Wachstumsraten ziehen mit einer Verzögerung einen stärkeren Anstieg der Verbraucherpreise nach sich, analog führen sinkende BIP-Wachstumsraten zu einem geringeren Preisanstieg. In der Abschwungphase steigen die Preise mit abnehmenden Raten erst noch weiter, da z. B. Lohnerhöhungen über die Preise abgewälzt werden. So auch ab 2006: Trotz Rückgang des BIP_{real}-Wachstums steigen die Preise weiter an. Ab einer bestimmten Größenordnung nennt man dieses Phänomen auch Stagflation.

Zusammenhang zwischen Arbeitslosenquote und Verbraucherpreisen mit Begründung

In M 2 wird schließlich auch der Zusammenhang zwischen der **Arbeitslosenquote** und den **Verbraucherpreisen** deutlich: In Phasen mit sinkender Arbeitslosigkeit nehmen die Preissteigerungsraten zu, z. B. 1999–2001 oder 2010/11. Eine abnehmende Arbeitslosenquote führt über höhere Beschäftigung zu einem steigenden Volkseinkommen und damit zu zusätzlichen Konsummöglichkeiten der Haushalte. Der steigende Konsum wiederum erhöht die Kapazitätsauslastung und letztendlich die Preise (vgl. oben den Zusammenhang zwischen Wirtschaftswachstum und Verbraucherpreisen). Bei steigender und hoher Arbeitslosigkeit fallen die Preissteigerungsraten dagegen wieder geringer aus. Da beide Indikatoren Spätindikatoren sind, findet in M 2 die gegenläufige Entwicklung weitgehend zeitgleich statt.

4. *Erwartet werden für die drei Ziele des Stabilitätsgesetzes, die durch die Indikatoren in M 2 erfasst werden, jeweils die Bezeichnung des Ziels, die Maßgröße, soweit möglich ein Sollwert sowie eine schlüssige Einschätzung auf Basis der Daten in M 2.*

BIP_{real} und stetiges, angemessenes Wirtschaftswachstum

Die reale Veränderung des BIP (erste Grafik in M 2) bezieht sich auf das Ziel „**stetiges und angemessenes Wirtschaftswachstum**". Stetig bedeutet dabei, dass der Trend stets nach oben gehen soll. Das Adjektiv „angemessen" wird dann als erreicht betrachtet, wenn das Wachstum mindestens so hoch ist, dass es positive Effekte auf den Arbeitsmarkt hat (empirisch ab etwa 2 % Wirtschaftswachstum), aber nicht zu hoch ist, damit keine inflationären Effekte entstehen. In den Jahren 2007/ 2008 sinkt das Wirtschaftswachstum von ca. 2,5 % auf etwa 1,3 %. Während also 2007 das Ziel noch erreicht wurde, ist der Trend rückläufig sowie der Wert für 2008 niedriger als erwünscht.

Die Arbeitslosenquote (zweite Grafik in M 2) bezieht sich auf das Ziel „**hoher Beschäftigungsstand**". Von einem hohen Beschäftigungsstand geht man aus, wenn die Arbeitslosenquote bei maximal 4 % liegt. Mit Werten von etwa 10,1 % und 8,9 % ist man noch weit vom erwünschten Ziel entfernt, auch wenn der Trend in die richtige Richtung geht.

Arbeitslosenquote und hoher Beschäftigungsstand

Die Veränderung der Verbraucherpreise bezieht sich auf das Ziel „**Preisniveaustabilität**". Die EZB geht dann von Preisstabilität aus, wenn der harmonisierte Verbraucherpreisindex unter, aber nahe 2 % liegt. Auf die Werte für Deutschland bezogen bedeutet das für 2007/2008 mit ca. 2,3 % und 2,7 %, dass das Ziel nicht nur nicht erreicht wurde, sondern auch der Trend in die falsche Richtung lief.

Verbraucherpreise und Preisniveaustabilität

5. *Der Operator „herausarbeiten" erfordert, die im Text genannten Besonderheiten zu finden und mit explizitem Bezug zum Text wiederzugeben.*

Die Besonderheiten einer Rezession infolge einer Bankenkrise betreffen drei Aspekte:

Der „Crash [trifft] **nahezu jeden**" (M 1, Z. 10 f.). Das gilt sowohl national als auch international. Die in M 1 beschriebene Krise hat globale Dimensionen: Amerika z. B. wird eine schwere Rezession vorhergesagt und auch die europäischen Regierungschefs müssen sich entscheiden, wie sie auf die Krise reagieren (vgl. M 1, Z. 3 f.). In M 2 kann man erkennen, dass auch Deutschland massiv von der Krise betroffen ist (Rückgang des Wirtschaftswachstums von +3 % auf −5,1 % von 2006 bis 2009).

Kreis der Betroffenen

Laut Ergebnissen des IWF ist das **Ausmaß** der Krise außerdem deutlich höher, da „der Rückgang des Bruttoinlandsprodukts […] mindestens doppelt so hoch […] wie bei anderen Konjunkturflauten" (M 1, Z. 7 ff.) ausfällt. Das Wirtschaftwachstum geht bei Rezessionen infolge von Finanzkrisen also deutlich stärker zurück als sonst. Die Daten für Deutschland aus M 2 (erste Grafik) bestätigen dies, da die beiden anderen im Betrachtungszeitraum erfassten Rezessionen mit ca. −0,8 % (1993) und ca. −0,2 % (2003) deutlich geringer ausfielen als 2009 mit −5,1 %.

Quantitatives Ausmaß der Krise

Der IWF geht außerdem davon aus, dass eine Rezession infolge einer Bankenkrise „**viel länger**" (M 1, Z. 10) dauert als in anderen Fällen. Dies lässt sich anhand der Daten von Deutschland aus den Jahren 2010/2011 nicht bestätigen, da Deutschland sich rasch erholt hat (2010: +3,7 %, 2011: + 3,0 %).

Dauer der Krise

6. *Die Aufgabenstellung verlangt, auf Grundlage des Kreislaufmodells die genannten Aussagen zur Rezession aus M 1 zu verdeutlichen. Dazu sollten die Ströme und Sektoren konkret benannt werden.*

Betroffene

Eine Krise auf den Finanzmärkten wirkt sich direkt oder indirekt auf alle Wirtschaftsbereiche und die gesamte Wirtschaftsentwicklung aus (M 1: „nahezu jeden"). Ein wesentlicher Effekt einer Finanzmarktkrise ist die drastische Einschränkung des Kreditgeschäfts. **Unternehmen** (U) benötigen für Neuinvestitionen (I^n) oder Anschlussfinanzierungen häufig Kredite, diese sind in der Krisensituation aber schwieriger zu bekommen. Infolge des Vertrauensverlusts auf den Finanzmärkten (VV) geht nicht nur der Interbankenhandel zwischen den Geschäftsbanken zurück, sondern auch die Kreditvergabekriterien werden verschärft. Beides führt auch zu einer verminderten Kreditgewährung an Unternehmen. Fehlende Investitionen bzw. Liquiditätsprobleme der Unternehmen können zu einer Schwächung ihrer Wettbewerbsfähigkeit und im Extremfall zur Insolvenz führen und gefährden damit Arbeitsplätze. Es kann zu Kurzarbeit und Entlassungen kommen, die das Volkseinkommen (Y) der Privathaushalte (H) reduzieren und ggf. zu einem Konsumrückgang v. a. bei langlebigen Wirtschaftsgütern (C_H) führen, was wiederum Umsätze und Gewinne der Unternehmen sinken lässt.

Unternehmen: Finanzierung, Investitionen, Wettbewerbsfähigkeit, Arbeitsplätze

Die **privaten Haushalte** (H) haben infolge von Kurzarbeit bzw. Entlassungen oder aufgrund von Verlusten durch eine Finanzkrise weniger Einkommen (Y) zur Verfügung oder erhöhen aus Angst vor Entlassungen die Sparquote (S_H). Dies kann das Konsumklima negativ beeinflussen. Ein Rückgang des privaten Konsums (C_H) reduziert die Unternehmensgewinne (in Y enthalten) und gefährdet weitere Arbeitsplätze mit den oben beschriebenen Folgen für die privaten Haushalte.

Private Haushalte: Einkommen, Sparen, Konsum

Für den **Staat** (St) führen alle bisher beschriebenen Entwicklungen zu sinkenden Einnahmen, steigenden Ausgaben und damit zu finanziellen Engpässen. Kurzarbeit und Entlassungen bedeuten geringere Einnahmen aus direkten Steuern (T^{dir}) sowie Sozialversicherungsbeiträgen (BzSV) und gleichzeitig höhere Ausgaben im Bereich der Transferzahlungen (Z_H, z. B. Hartz IV). Dieser Effekt wird durch sinkende Einnahmen aus Verbrauchssteuern (T^{ind}) aufgrund von rückläufigen Konsumausgaben (C_H) noch verstärkt. Falls die Regierung mit strikten Sparmaßnahmen reagiert, investiert der Staat weniger, z. B. in die Infrastruktur (C_{St}), was eine negative Multiplikatorwirkung, z. B. über die Baubranche, auslösen kann. Andererseits sind auch staatliche Unterstützungsmaßnahmen möglich (Z_H, Z_U). Durch diese „Konjunkturspritzen" steigen allerdings die Staatsverschuldung

Staat: Einnahmen und Ausgaben

und damit die staatliche Kreditaufnahme (Kr_{St}) zumindest zeitweise an.

Eine Finanzkrise kann sich auch bei den außenwirtschaftlichen Beziehungen bemerkbar machen. In einer exportorientierten Volkswirtschaft wie der Bundesrepublik Deutschland haben wirtschaftliche Schwierigkeiten des **Auslands** (A) direkte Auswirkungen auf eine Vielzahl von Unternehmen in Deutschland, da die Nachfrage nach deutschen Exportprodukten (X) sinkt. Gleichzeitig geht auch die inländische Nachfrage nach Importgütern und -dienstleistungen (M) zurück, da, wie oben beschrieben, private Haushalte weniger konsumieren und Unternehmen weniger investieren.

Ausland: Exporte, Importe

Die beschriebenen negativen Effekte können einen negativen Multiplikatoreffekt auslösen, der – weil nahezu jeder Wirtschaftssektor von der Krise betroffen ist – über die direkte Krisenwirkung hinaus dazu führen kann, dass die Krise insgesamt deutlich stärker und länger ausfällt als bei anderen Ursachen für Konjunktureinbrüche (vgl. M 1, Z. 7 ff.).

Umfang und Dauer der Auswirkung: Multiplikatoreffekt

Checkliste

Aspekt	Ja	Teilweise	Nein	Weiß nicht
TEILAUFGABE 1				
Habe ich die Aufgabe sowohl grafisch als auch verbal gelöst?	☐	☐	☐	☐
Habe ich erkannt, dass es beim verbalen Teil der Lösung nur um die Rezession geht, und diese ausreichend detailliert erklärt?	☐	☐	☐	☐
Habe ich explizit auf M 1 und auf meine Grafik Bezug genommen?	☐	☐	☐	☐
TEILAUFGABE 2				
Habe ich aus M 2 einen Bereich ausgewählt, der einen idealtypischen Konjunkturzyklus weitgehend abbildet?	☐	☐	☐	☐
Habe ich meine Auswahl schlüssig begründet?	☐	☐	☐	☐
Habe ich Unterschiede zwischen Theorie (idealtypischer Zyklus) und Realität erkannt und beschrieben?	☐	☐	☐	☐

TEILAUFGABE 3				
Habe ich die Gemeinsamkeiten und Unterschiede der Verläufe der Indikatoren strukturiert dargestellt?	☐	☐	☐	☐
Habe ich dabei die Beziehung aller Indikatoren zueinander berücksichtigt?	☐	☐	☐	☐
Habe ich meine Aussagen mit Daten aus M 2 belegt?	☐	☐	☐	☐
TEILAUFGABE 4				
Habe ich die korrekten Ziele des Stabilitätsgesetzes erkannt und exakt benannt?	☐	☐	☐	☐
Habe ich für jedes Ziel einen (groben) Zielwert angeben und begründen können?	☐	☐	☐	☐
Habe ich für jedes Ziel die Daten der Jahre 2007 und 2008 mit dem Zielwert verglichen und eine klare Aussage zur Zielerreichung formuliert?	☐	☐	☐	☐
TEILAUFGABE 5				
Habe ich die drei relevanten Aspekte korrekt aus dem Text herausgearbeitet?	☐	☐	☐	☐
Habe ich explizit aus M 1 zitiert, um meine Antwort zu belegen?	☐	☐	☐	☐
Habe ich die Aspekte „Betroffene" und „Ausmaß" explizit erläutert und auf M 2 Bezug genommen?	☐	☐	☐	☐
TEILAUFGABE 6				
Habe ich alle relevanten Ströme und Sektoren des Kreislaufmodells berücksichtigt?	☐	☐	☐	☐
Habe ich alle drei Aspekte aus Teilaufgabe 5 in meiner Antwort angesprochen?	☐	☐	☐	☐

Klausuren Wirtschaft und Recht
VWL 2: Konjunktur und Konjunkturpolitik

Bearbeitungszeit: 80 Minuten

Thema: Wirtschaftspolitische Ziele, Konjunkturlage und -entwicklung, Konjunkturindikatoren, Konjunkturpolitik

Aufgabenstellung

1. Vergleichen Sie die konjunkturelle Lage in Deutschland in den Jahren 1973 bis 1975 mit der wirtschaftlichen Entwicklung im Zeitraum von 2007 bis 2009 anhand der statistischen Daten in M 1.
2. Zeigen Sie vor dem Hintergrund der im Stabilitätsgesetz formulierten wirtschaftspolitischen Ziele, wo in den beiden in M 1 beschriebenen Zeiträumen jeweils der wesentliche Handlungsbedarf in der Wirtschaftspolitik lag. Gehen Sie dabei auch auf Zielbeziehungen ein.
3. Erläutern Sie auch anhand der im Text M 2 geforderten Maßnahmen die in diesem Artikel befürwortete wirtschaftspolitische Grundkonzeption.
4. Diskutieren Sie die Aussage, dass „höhere Staatsausgaben effektiver sind als weniger Steuern" (M 2, Z. 14 f.). Beziehen Sie dabei auch die im Text angedeuteten Wirkungshemmnisse mit ein.
5. Begründen Sie die Behauptung, dass Entlastungen für Besserverdienende nicht die gleiche Wirkung entfalten wie die für Geringverdienende (M 2, Z. 7 ff.).

M 1: Wirtschaftliche Entwicklung in Deutschland (Jahresdurchschnittswerte)

	1973	1974	1975	2007	2008	2009
Wachstum des BIP_{real} (in %)	4,8	0,9	−0,9	2,5	1,3	−5,1
Arbeitslosenquote (in %)[1] Arbeitslose (in Tausend)	1,2 273	2,6 582	4,7 1 074	10,1 3 776	8,9 3 263	8,2 3 415
Inflationsrate (in %)	7,2	6,9	5,8	2,3	2,8	0,3

1 bezogen auf abhängige zivile Erwerbspersonen

Quelle: www.destatis.de, arbeitsagentur.de, bearbeitet

M 2: Deutschland 2008

Ein Gespenst geht um in Deutschland – das Gespenst des Abschwungs. In der Politik werden Stimmen laut, die Konjunkturprogramme fordern. Die ökonomische Zunft spuckt Gift und Galle. Nach wirtschaftsliberaler Lesart entfachen Konjunkturspritzen bestenfalls ein kurzes Strohfeuer. Zurück bleibe nur die Asche aus Inflation und neuen Schulden. Wie realitätsfern dieses ökonomische Märchen ist, zeigen uns seit Jahrzehnten US-Amerikaner und Briten: Sie erzielen mit einer aktiven Geld- und Finanzpolitik hohes Wachstum und streckenweise Vollbeschäftigung. Die jetzt in Deutschland erwogene Senkung des Spitzensteuersatzes und die Ausweitung von Steuerfreibeträgen für Besserverdienende zielen zwar grundsätzlich in die richtige Richtung, entfalten jedoch nicht dieselbe Wirkung wie eine Entlastung für Geringverdienende.

Eine Konjunkturspritze muss schnell gesetzt werden, sie muss wirken, bevor eine Welle des Pessimismus alles unter sich begräbt. Zudem muss die Dosis hoch genug sein. Die Vergangenheit zeigt, dass höhere Staatsausgaben effektiver sind als weniger Steuern. Auch die öffentliche Investitionslücke spricht für höhere Staatsausgaben. Die staatlichen Investitionen liegen unter dem europäischen Durchschnitt. Mehr öffentliche Investitionen in Bildung, Infrastruktur und Klimaschutz würden das gesellschaftspolitisch Notwendige mit dem konjunkturell Sinnvollen verbinden. Alternativ könnten die Sozialtransfers angehoben werden: eine kräftige Erhöhung des Hartz-IV-Satzes würde einen Konsumschub auslösen.

Das Schlimmste wäre jedoch, wenn die Politik die Hände in den Schoß legte. Ein Plan B für den Worst Case ist das Mindeste, was wir erwarten sollten. Zwar produziert ein Konjunkturprogramm kurzfristig Schulden, doch das tut der Abschwung auch – umso mehr, je länger er andauert.

Quelle: www.sueddeutsche.de, aufgerufen am 20. 10. 2008, bearbeitet

Gewichtung der Teilaufgaben: 25 % : 20 % : 20 % : 20 % : 15 %

Lösungsvorschläge

1. *Der Operator „vergleichen" erfordert die Darstellung der Gemeinsamkeiten und Unterschiede der konjunkturellen Lage in den Jahren 1973–1975 bzw. 2007–2009. Dazu muss aus den Daten der Indikatoren in M 1 die Konjunkturlage abgeleitet und benannt werden. Die Aufgabenstellung fordert einen ausführlichen Vergleich.*

Wirtschafts-wachstum, BIP

Für das Wirtschaftswachstum ist der Schlüsselindikator in M 1 die Entwicklung des realen Bruttoinlandsprodukts (BIP). Vergleicht man die **BIP-Wachstumsraten** der beiden Zeiträume, kann man in beiden Zeiträumen eine deutlich negative Entwicklung feststellen. Der Rückgang des Wirtschaftswachstums um 3,9 Prozentpunkte von 1973 auf 1974 ist drastisch, reduziert sich aber bis 1975 mit 1,8 Prozentpunkten auf weniger als die Hälfte. Anders im zweiten Zeitraum: Nach bereits deutlichen 1,2 Prozentpunkten Rückgang von 2007 auf 2008 beschleunigt sich die abnehmende Entwicklung bis 2009 auf mehr als das Fünffache (6,4 Prozentpunkte). Das Ende des ersten Betrachtungszeitraums weist 1975 eine nur leicht negative Wachstumsrate von –0,9 % auf; dagegen ist 2009 mit –5,1 % ein noch wesentlich drastischerer Rückgang des Wirtschaftswachstums zu verzeichnen als in den 1970er-Jahren. In beiden Zeiträumen schrumpft die Wirtschaft am Ende des Betrachtungszeitraums also real, 2009 aber erheblich mehr als 1975.

Arbeitslosenquote

Bei der **Arbeitslosenquote** ist dagegen eine völlig unterschiedliche Entwicklung festzustellen. Während sie sich zwischen 1973 und 1975 jedes Jahr praktisch verdoppelt, d. h. insgesamt von 1,2 auf 4,7 % fast vervierfacht, sinkt sie zwischen 2007 und 2009 von 10,1 % auf 8,2 %, also knapp um ein Fünftel. Zu beachten ist dabei aber das deutlich unterschiedliche Niveau: Trotz des prozentual großen Anstiegs in den 1970er-Jahren erreicht die Quote auch im Krisenjahr 1975 nur einen vergleichsweise niedrigen Wert von 4,7 %, und liegt trotz des Rückgangs seit 2007 nur bei deutlich weniger als 2/3 des Werts von 2009. Die **absolute Zahl der Arbeitslosen** bestätigt diese Entwicklung. Sie ist in den 1970er-Jahren deutlich geringer als 2007 bis 2009. Mit etwa 3,3 Mio. liegt der niedrigste Wert im Jahr 2008 etwa dreimal so hoch wie der höchste Wert in den 1970er-Jahren (1,1 Mio. im Jahr 1975). Allerdings ist der eigentlich atypische Rückgang um ca. 0,5 Mio. zwischen 2007 und 2008 angesichts des rückläufigen Wirtschaftswachstums bemerkenswert im Vergleich zum Anstieg um etwa 0,8 Mio. von 1973 bis 1975.

Arbeitslosenzahl

Auch die Entwicklung der **Inflationsrate** weicht in beiden Zeiträumen deutlich voneinander ab. Während die Jahre 1973–1975 einen tendenziell fast idealtypischen Rückgang parallel zum Wirtschaftswachstum um 1,4 Prozentpunkte zeigen, bewegt sich die Teuerungsrate von 2007–2008 mit +0,5 Prozentpunkten erst leicht in die andere Richtung, um dann bis 2009 um 2,5 Prozentpunkte und damit um mehr als das Doppelte wie in den Jahren 1974–1975 zu sinken. Allerdings ist das Ausgangsniveau 1973 mit 7,2 % im Vergleich extrem hoch und selbst der niedrigste damalige Wert von 1975 liegt mit 5,8 % mehr als doppelt so hoch wie der höchste Wert im Jahr 2008 (2,8 %).

Inflation, Preisentwicklung

Zusammenfassend kann man aus den Daten für die Jahre 1973–1975 eindeutig auf eine **Rezession** mit anschließender Talsohle schließen. Auffällig und atypisch ist die vergleichsweise hohe Inflationsrate, die trotz der rückläufigen Tendenz auf eine **Stagflation** hinweist, d. h. einen hohen Preisanstieg trotz Stagnation der Wirtschaft.

Zusammenfassung 1973–1975: Stagflation

Die Daten der Jahre 2007–2009 zeigen ebenfalls eine rezessive und gegen Ende viel drastischere Entwicklung als in den 1970er-Jahren, die sich deutlich und idealtypisch auch im starken Rückgang der Inflationsrate widerspiegelt, während der Spätindikator Arbeitslosenquote (weiteres Absinken) noch nicht auf den Rückgang reagiert hat. Nach Überschreiten eines relativ niedrigen konjunkturellen Höhepunktes 2007 ist Deutschland 2009 in einer **starken Wachstumskrise**.

2007–2009: Krise nach Wachstum

2. *Über einen Vergleich der Daten in M 1 mit dem Hintergrundwissen zu den wirtschaftspolitischen Zielen und deren Zielgrößen soll für jeden der beiden Zeiträume der Bereich mit dem größten Handlungsbedarf festgestellt werden.*

Im Stabilitätsgesetz sind folgende vier Ziele formuliert: Stetiges und angemessenes Wirtschaftswachstum (Indikator in M 1 BIP_{real}), hoher Beschäftigungsstand (Indikator in M 1 Arbeitslosenzahl und -quote), Preisniveaustabilität (Indikator in M 1 Inflationsrate) und außenwirtschaftliches Gleichgewicht (in M 1 nicht dargestellt).

Wirtschaftspolitische Ziele des Stabilitätsgesetzes

Im Zeitraum 1973–1975 ist die Wirtschaftspolitik sowohl mit einer Rezession mit stark sinkendem und zuletzt **negativem Wirtschaftswachstum** (1975: –0,9 %) als auch mit dramatisch **hohen Inflationsraten** (1975: 5,8 %) konfrontiert, d. h. mit der an sich atypischen Wirtschaftslage der **Stagflation**. Während die **Konjunkturpolitik** also die gesamtwirtschaftliche Dynamik **ankurbeln** müsste, um das Wirtschaftswachstum zu stärken, sollte die **Geldpolitik** bei einer Inflationsrate, die fast das Dreifache

1973–1975: Stagflation

des heutigen Zielwerts der EZB erreicht, **restriktiv** agieren, um das Ziel der Preisniveaustabilität zu verfolgen.

Konkurrierende Ziele Wachstum und Preisstabilität

Diese gegensätzlichen Zielrichtungen der Maßnahmen spiegeln bis zu einem gewissen Maß auch den **Zielkonflikt** zwischen Wirtschaftswachstum und Preisstabilität wider, da steigendes bzw. hohes Wachstum i. d. R. mit steigenden bzw. hohen Preisen verbunden ist, d. h., es handelt sich um konkurrierende Ziele. Allerdings ist die Situation 1975 atypisch, da bei negativen Wachstumsraten eigentlich auch eine sehr geringe Inflation zu erwarten wäre. In den genannten Jahren ist immerhin ein deutlicher Rückgang der Inflationsrate zu erkennen, sodass zumindest der Trend der Inflationsrate passend zum Wachstum verläuft.

Komplementäre Ziele Wachstum und Beschäftigung

Die **Arbeitslosenquote** ist 1973–1975 parallel zur Wachstumsschwäche zwar deutlich angestiegen, die Gesamtquote und Arbeitslosenzahlen sind aber insgesamt nicht dramatisch hoch. Positive Impulse für die Konjunktur sollten auch hier für einen rückläufigen Effekt sorgen, da die beiden Ziele **komplementär** sind.

2007– 2009: starke Rezession

Im Zeitraum 2007–2009 liegt der Schwerpunkt des Handlungsbedarfs klar beim extremen **Rückgang des Wirtschaftswachstums**, sodass an erster Stelle ebenfalls eine **aktive Konjunkturpolitik** gefordert ist. Dies würde auch den zweiten kritischen Bereich, die zwar sinkende, aber noch immer deutlich zu **hohe Arbeitslosigkeit** positiv beeinflussen (**komplementäre Ziele**, s. o.).

Komplementäre Ziele Wachstum und Beschäftigung

Unkritischer Preisanstieg

Da die **Inflationsrate** mit 0,3 % im Jahr 2009 weit unter dem Zielwert der EZB von unter, aber nahe 2 % liegt, wäre ein konjunkturell bedingter Anstieg (**konkurrierende Ziele**) unproblematisch bzw. sogar wünschenswert.

3. *Die Aufgabe erfordert, die dem Artikel zugrunde liegende wirtschaftspolitische Konzeption darzulegen. Dabei sollen deutliche Bezüge zu M 2 hergestellt werden.*

Nachfrageorientierte Wirtschaftspolitik

Der Text M 2 spiegelt klar den **nachfrageorientierten Ansatz** (Keynesianismus) wider und lehnt die monetaristische Position ab, die als realitätsfernes ökonomisches Märchen bezeichnet wird (vgl. M 2, Z. 5).

Aktive staatliche Konjunkturpolitik

Nach Keynes beruhen konjunkturelle Schwankungen auf **Schwankungen der gesamtwirtschaftlichen Nachfrage**. Gleichzeitig lehnt Keynes das sogenannte Selbstheilungskonzept des Marktes ab und fordert eine aktive antizyklische Wirtschaftspolitik. M 2 vertritt klar diese keynesianische Position: „Das Schlimmste wäre jedoch, wenn die Politik die Hände in den Schoß legte“ (Z. 21).

Bekämpfen der Nachfragelücke

Gemäß M 2 befindet sich Deutschland am Rande des Abschwungs („das Gespenst des Abschwungs“, Z. 1) und der Au-

tor fordert eine „Konjunkturspritze“ (Z. 12) mit ausreichend hoher Dosis (vgl. Z. 13).
Gemäß Keynes soll der Staat im Fall einer Nachfragelücke gezielt die Nachfrage nach Gütern und Dienstleistungen steigern und dafür eine **antizyklische Finanzpolitik** einsetzen: Die Schlüsselgröße „private Konsumnachfrage“ hängt in Keynes' Theorie in erster Linie vom **verfügbaren Einkommen** der Haushalte ab. Dies findet man auch im Text, in dem die „Senkung des Spitzensteuersatzes und die Ausweitung von Steuerfreibeträgen“ (Z. 8 f.) sowie „eine kräftige Erhöhung des Hartz-IV-Satzes“ (Z. 19 f.) als positive Impulse für den **privaten Konsum** bewertet werden. Außerdem wird eine Anhebung der Sozialtransfers genannt, die „einen **Konsumschub** auslösen“ (Z. 20) würde. In einer konjunkturellen Abschwungphase sollen außerdem z. B. durch „**Konjunkturprogramme**“ (Z. 2) die Investitionstätigkeit der Unternehmer und der Konsum der Haushalte nicht nur angeregt, sondern z. T. sogar durch staatliche Nachfrage ersetzt werden. Dazu werden in M 2 vor allem „höhere Staatsausgaben“ (Z. 14) für „[m]ehr öffentliche Investitionen in Bildung, Infrastruktur und Klimaschutz“ (Z. 17) gefordert.
Finanziert werden diese Ausgaben – auch in Keynes' Ansatz – durch Kredite (**deficit spending**, vgl. Z. 23), die in Boomzeiten wieder abgebaut werden sollen.

Förderung des privaten Konsums

Förderung der Investitionstätigkeit, Erhöhung der staatlichen Nachfrage

Finanzierung durch Kredite

4. *Der Operator „diskutieren“ erfordert eine Pro-Kontra-Darstellung. Die im Text erkennbaren Wirkungshemmnisse müssen explizit einbezogen werden. Ein Fazit wird erwartet.*

Höhere Staatsausgaben, d. h. laut M 2 „öffentliche Investitionen in Bildung, Infrastruktur und Klimaschutz“ (Z. 17), schließen direkt eine Lücke in der **gesamtwirtschaftlichen Nachfrage**, können einen unmittelbaren konjunkturellen Impuls setzen und damit über Multiplikatoreffekte die Wirtschaft ankurbeln.
Steuersenkungen erhöhen das **verfügbare Einkommen der privaten Haushalte** und können so zu höheren **privaten Konsumausgaben** führen, die genau wie höhere Staatsausgaben ebenfalls einen positiven Multiplikatoreffekt für das Wirtschaftswachstum zur Folge haben können.
Beide Maßnahmen können allerdings durch **Wirkungshemmnisse** ganz oder teilweise verpuffen.
In diesem Zusammenhang sind vor allem das **Timing** und die **Dosierung** zu nennen. M 2 deutet dies in Z. 12 ff. an, wo auf die Notwendigkeit des schnellen Handelns (*time lags*), bevor der „Pessimismus“ überhandnimmt, und auf eine ausreichende Dosis

Höhere Staatsausgaben in Form von öffentlichen Investitionen

Steuersenkungen und private Konsumausgaben

Wirkungshemmnisse

eingegangen wird. Ein Konjunkturprogramm kann nur in der erwünschten Weise wirken, wenn der richtige Zeitpunkt getroffen wird bzw. die Maßnahmen im richtigen Umfang ergriffen werden. Andernfalls besteht die Gefahr, dass die Maßnahmen wirkungslos bleiben oder im Extremfall den Abschwung verstärken. Bei Steuersenkungen ist zudem problematisch, dass sie nicht direkt nachfragewirksam sind, sondern nur einen **Konsumanreiz** darstellen, der z. B. aufgrund von **psychologischen Hemmnissen** (vgl. „Pessimismus" in M 2) ohne Wirkung bleiben kann, wenn die Haushalte die zusätzlichen Mittel sparen (**Angstsparen**). Dies gilt insbesondere bei zu geringer Dosierung, wenn die Bürger auf sinkende Steuersätze und steigende Freibeträge (vgl. Z. 8 f.) nicht wie erwartet mit mehr Konsum reagieren, sondern ihre Sparquote erhöhen. Somit würden auch Multiplikatoreffekte ausbleiben. Außerdem sind Steuersenkungen i. d. R. im parlamentarischen Prozess schwieriger durchzusetzen, sodass durch *time lags* ebenfalls die Wirkung zu spät einsetzen könnte.

Fazit: Investitionen effektiver

Fazit: Da in Deutschland im EU-Vergleich die öffentlichen Investitionen ohnehin relativ niedrig sind, die Regierung durch „Investitionen in Bildung, Infrastruktur und Klimaschutz" (Z. 17) wichtige gesellschaftspolitische Ziele verfolgen kann und zudem im Gegensatz zu Steuersenkungen die aufgewendeten Mittel definitiv nachfragewirksam werden, können höhere Staatsausgaben als die effektivere Lösung betrachtet werden.

5. *Der Operator „begründen" erfordert eine nachvollziehbare Argumentation.*

Konsumquote bei Geringverdienern und Besserverdienern

Die Behauptung, dass Entlastungen für Besserverdienende nicht die gleiche Wirkung entfalten wie die für Geringverdienende, basiert auf der Tatsache, dass bei Haushalten mit hohen verfügbaren Einkommen die **Konsumquote** niedriger und weniger variabel ist, als die bei Haushalten mit geringen Einkommen.

Zusammenhang zwischen Konsumquote und Einkommen

Die Konsumquote ist der **Anteil des Einkommens**, der für Konsum verwendet wird. Je niedriger das Einkommen, desto größer der Anteil, der für die Güter des Lebensbedarfs aufgewendet werden muss, und desto geringer der Anteil, der gespart werden kann. Mit steigendem Einkommen steigt zunächst der Konsum quantitativ und ggf. auch qualitativ, sodass die Konsumausgaben absolut zunehmen. Dieser Effekt flacht mit weiter steigendem Einkommen allerdings ab, da die Konsumwünsche i. d. R. nicht unbegrenzt zunehmen und der Wunsch zu sparen bzw. Geld anzulegen höhere Bedeutung erlangt. Die Konsumquote nimmt also ab. Von z. B. 50 zusätzlichen Euro, die ein Geringverdiener zur Verfügung hat, werden daher ggf. bis zu 100 %

nachfragewirksam, um dringende, bisher unbefriedigte Bedürfnisse abzudecken. Bei einem Großverdiener sind 50 zusätzliche Euro im Verhältnis kaum nennenswert und werden das Konsumverhalten i. d. R. wenig oder gar nicht beeinflussen. Seine Konsumquote könnte theoretisch bei unverändertem Konsum sogar sinken.

Die im Text geforderte „kräftige Erhöhung des Hartz-IV-Satzes" (M 2, Z. 19 f.) und die „Entlastung für Geringverdienende" (Z. 10 f.) dürften daher tatsächlich deutlich wahrscheinlicher „einen Konsumschub auslösen" (Z. 20) als die „Senkung des Spitzensteuersatzes und die Ausweitung von Steuerfreibeträgen für Besserverdienende" (Z. 8 f.). Schlussfolgerung

Checkliste

Aspekt	Ja	Teilweise	Nein	Weiß nicht
TEILAUFGABE 1				
Habe ich Gemeinsamkeiten und Unterschiede herausgearbeitet?	☐	☐	☐	☐
Habe ich alle Daten berücksichtigt?	☐	☐	☐	☐
Habe ich nicht nur die Zahlen abgeschrieben, sondern Größenordnungen und Verhältnisse herausgearbeitet?	☐	☐	☐	☐
Habe ich meine Ergebnisse zu jeweils einer Aussage zur Konjunkturlage zusammengefasst?	☐	☐	☐	☐
TEILAUFGABE 2				
Habe ich die wirtschaftspolitischen Ziele des Stabilitätsgesetzes genannt und den Bezug zu M 1 hergestellt?	☐	☐	☐	☐
Habe ich die kritischen Größen jeweils korrekt erkannt und begründet?	☐	☐	☐	☐
Habe ich die Zielbeziehungen in meiner Antwort berücksichtigt und schlüssig eingearbeitet?	☐	☐	☐	☐
Habe ich beim Handlungsbedarf Bezug auf die Ziele des Stabilitätsgesetzes genommen?	☐	☐	☐	☐
TEILAUFGABE 3				
Habe ich den wirtschaftspolitischen Ansatz korrekt erkannt und benannt?	☐	☐	☐	☐
Habe ich die wesentlichen Grundzüge des Ansatzes korrekt dargestellt?	☐	☐	☐	☐
Habe ich den Zusammenhang zwischen M 2 und den Grundzügen schlüssig hergestellt?	☐	☐	☐	☐

TEILAUFGABE 4				
Habe ich Pro- und Kontra-Argumente für beide Maßnahmen eingesetzt?	☐	☐	☐	☐
Habe ich als Kontra-Argumente die im Text M 2 angesprochenen Wirkungshemmnisse gezielt verwendet und jeweils sinnvoll den Maßnahmen zugeordnet?	☐	☐	☐	☐
Habe ich ein begründetes Fazit formuliert?	☐	☐	☐	☐
TEILAUFGABE 5				
Habe ich die Konsumquote als relevante Argumentationsgrundlage erkannt?	☐	☐	☐	☐
Habe ich den Zusammenhang zwischen Konsumquote und verfügbarem Einkommen korrekt dargestellt?	☐	☐	☐	☐
Habe ich den Zusammenhang schlüssig für meine Argumentation verwendet?	☐	☐	☐	☐
Habe ich die Behauptung nachvollziehbar begründet?	☐	☐	☐	☐

Klausuren Wirtschaft und Recht
VWL 3: Beschäftigung und Einkommen

Bearbeitungszeit: 80 Minuten

Thema: Wirtschaftspolitische Ziele, Arbeitslosigkeit, Tarifpolitik

Aufgabenstellung

1. Stellen Sie mithilfe des Kreislaufmodells mögliche kurz- und mittelfristige Auswirkungen der Hochwasserkatastrophe (M 1) auf die Verwirklichung von zwei wirtschaftspolitischen Zielsetzungen des Stabilitätsgesetzes gegenüber.
2. Arbeiten Sie die verschiedenen Finanzierungsalternativen aus M 1 heraus und entwickeln Sie je zwei mögliche Argumente gegen jede der Finanzierungsalternativen. Beziehen Sie dabei auch M 2 und M 3 mit ein.
3. Grenzen Sie die verschiedenen Arten von Arbeitslosigkeit voneinander ab. Gehen Sie dabei von der Ursache der Arbeitslosigkeit aus.
4. Beschreiben Sie die Messung von Arbeitslosigkeit und nehmen Sie kritisch zur Aussagekraft dieser Messung Stellung.
5. Stellen Sie die grundsätzlichen Positionen der Tarifpartner in der Lohnpolitik dar.
6. Interpretieren Sie die Karikatur (M 4) und diskutieren Sie anschließend die These, dass höhere Löhne Arbeitsplätze schaffen. Gehen Sie dabei auch auf die Auswirkungen höherer Löhne auf das Ziel der Preisniveaustabilität ein.

M 1

Das Thema „Nachhaltigkeit“ erhielt im Sommer 2013 besondere Brisanz aufgrund der Hochwasserkatastrophe. Wie bereits im Sommer 2002 war diese Situation ein Paradebeispiel für staatliches Eingreifen. Bei Naturkatastrophen wie Hochwasser oder Stürmen oder bei wirtschaftlichen Einbrüchen wie im Zusammenhang mit dem 11. September oder der Finanzkrise ist der Staat gefordert, die Betroffenen zu unterstützen und die Lasten auf die Schultern der Gemeinschaft umzuverteilen.

Die Jahrhundertflut des Sommers 2013 hat wie schon 2002 erhebliche Schäden angerichtet. Betroffen waren nicht nur Gebäude wie öffentliche Einrichtungen, Wohnhäuser und Betriebe, sondern auch Versorgungsleitungen, Kanalisation, Straßen, Brücken und andere Teile der Infrastruktur. Das Ausmaß wurde auf zweistellige Milliardenbeträge geschätzt. Einigkeit herrschte allenthalben darüber, dass rasch geholfen werden muss. Heftig gestritten wurde allerdings darüber, wie die notwendigen Mittel aufgebracht werden sollten. Eine vollständige Finanzierung der Fluthilfen durch höhere Schulden schied schon wegen des Ziels der Haushaltskonsolidierung weitgehend aus. Eine optimale Lösung wäre gewesen, die notwendigen Mittel durch Ausgabenumschichtungen frei zu machen. Hier hatte allerdings die Opposition Einwände. Schließlich konnten die Steuerschätzungen sowohl 2013 als auch 2014 mehrfach nach oben korrigiert werden und bestätigten die Aussage des früheren Wirtschaftsministers Glos aus dem Jahr 2007: „Man kann auch durch höheres Wachstum konsolidieren“.

Quelle: Autorentext; Eckhardt Wohlers, Finanzierungshickhack, in: HWWA Wirtschaftsdienst 2002, Nr. 9, S. 512; Financial Times Deutschland, 25. 10. 2007; Texte bearbeitet

M 2: Entwicklung von Einnahmen und Ausgaben (Ist 2009–2012, Soll 2013–2017); ohne Sondervermögen

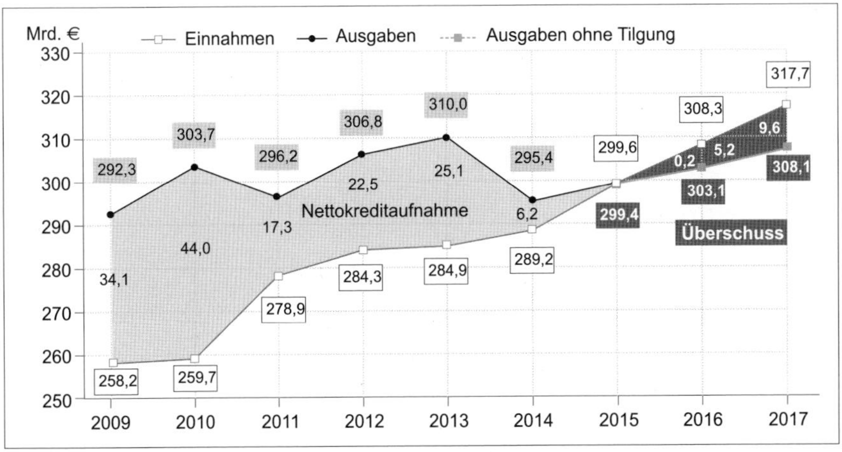

Quelle: Daten nach: Unterrichtung durch die Bundesregierung. Finanzplan des Bundes 2013 bis 2017

M 3: Entwicklung der Staatsschulden und der Staatsschuldenquote in Deutschland

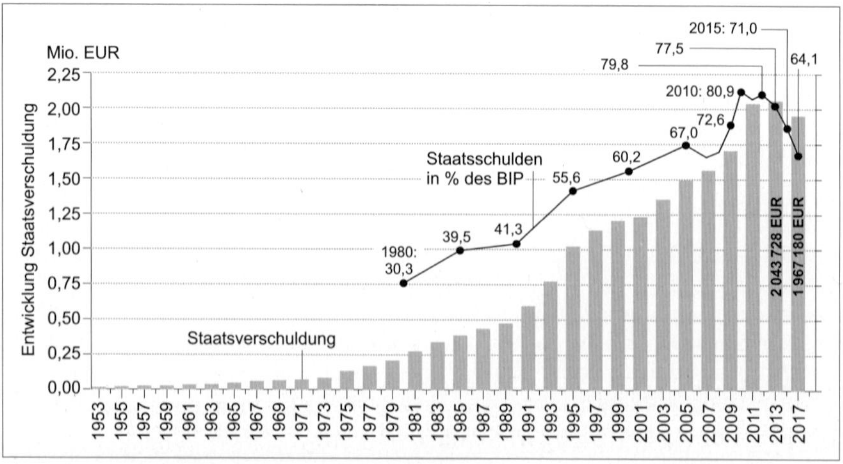

Quelle: Daten Staatsschulden nach: Statistisches Bundesamt; Staatsschuldenquote: Bundesministerium der Finanzen

M 4

Quelle: Gerhard Mester

Gewichtung der Teilaufgaben: 15 % : 20 % : 15 % : 15 % : 15 %: 20 %

Lösungsvorschläge

1. *Zwei der vier Ziele aus dem Stabilitätsgesetz sind auszuwählen. Die Auswirkungen lassen sich v. a. für das Wirtschaftswachstum (a) und die Beschäftigung (b) beschreiben, aber auch die beiden anderen Ziele bieten Anknüpfungspunkte. Je nach Interpretation der Fragestellung muss man entweder wie in der folgenden Lösung „kurz- und mittelfristige Auswirkungen" gegenüberstellen oder eine Auswahl an „kurz- und mittelfristigen Auswirkungen" erläutern. „Kurzfristig" bedeutet i. d. R. unter einem Jahr, mittelfristig ein bis ca. drei Jahre. Auf die Elemente des Kreislaufmodells ist explizit Bezug zu nehmen.*

Ziele des § 1 Stabilitätsgesetz

Die Ziele aus § 1 des Stabilitätsgesetzes sind ein stetiges und angemessenes Wirtschaftswachstum (a), ein hoher Beschäftigungsstand (b), Preisniveaustabilität und ein außenwirtschaftliches Gleichgewicht.

Kurzfristige Folgen für das Wachstum

zu a): Kurzfristig hat eine Hochwasserkatastrophe einen negativen Effekt auf das **Wirtschaftswachstum** gemessen am realen Bruttoinlandsprodukt (BIP_{real}), da die Zerstörung von Warenlagern, Rohstofflagern, Produktionsmitteln wie Maschinen und Werkzeugen, aber auch der Ausfall von Verkaufs- und Produktionszeiten durch überschwemmte oder zerstörte Gebäude für die betroffenen Betriebe in Handel, Handwerk und Industrie (Sektor U) sowohl erhebliche Betriebsausfälle als auch Umsatzeinbußen (z. B. C_H) bedeuten. Somit müsste der auf die betroffenen Regionen entfallende Anteil am BIP_{real} und auch am Volkseinkommen (Y) zunächst deutlich sinken.

Mittelfristige Folgen für das Wachstum

Mittelfristig könnte sich jedoch ein positiver Effekt für das Wirtschaftswachstum ergeben, da der Wiederaufbau und die Ersatzbeschaffung von Inventar und Warenlagern zu erhöhten Umsätzen in Branchen wie Bauindustrie, Baumaterialien-Hersteller und -Handel, Möbel- und Ausstattungsbetriebe, Großhandel etc. führen (I^{ers}; ggf. I^{neu}). Die (Neu-)Investitionen sowie die erhöhte Nachfrage (C_H, C_{St}) in den genannten Branchen können darüber hinaus ggf. **positive Multiplikatoreffekte** auslösen. Eine Aussage über den Saldo aus Schäden und Einbußen einerseits und Wachstumseffekten andererseits ist jedoch schwer zu treffen.

Kurzfristige Folgen für die Beschäftigung

zu b): Die Beschädigung oder Zerstörung von Produktions- und Handelsbetrieben, zum Teil verbunden mit Unternehmenskonkursen, führt **kurzfristig** zu einer Erhöhung von Kurzarbeit und **Arbeitslosigkeit** in den betroffenen Regionen.

Mittelfristige Folgen für die Beschäftigung

Mittelfristig wird die durch den Wiederaufbau und die Ersatzbeschaffung gestiegene Nachfrage (C_H, C_{St}, I^{br}; vgl. Antwort zu a) wahrscheinlich einen Anstieg der **Beschäftigung** bewirken. Eine nachhaltige Wirkung auf den **Arbeitsmarkt** dürfte aufgrund der Einmaligkeit der Situation allerdings ausbleiben, insbesondere wenn staatliche Unterstützungsmaßnahmen (Z_U, C_{St}, ggf. Z_H) auslaufen.

2. *Es sollen jeweils zwei Argumente, z. B. aus der Auswahl unten, ausgearbeitet werden. Ein bloßes Nennen genügt nicht. Eine Lösungshilfe könnte darin bestehen, sich die Ausgabenströme des Staates im Modell des Wirtschaftskreislaufs ins Gedächtnis zu rufen: Konsum, Subventionen an die Unternehmen, Transferzahlungen an die Haushalte. Es gibt aber auch andere Ansatzpunkte. M 2 und M 3 müssen explizit eingebunden werden.*

Finanzierungsalternativen in M 1

In M 1 werden drei Finanzierungsalternativen angesprochen: Kreditfinanzierung („höhere Schulden"; M 1, Z. 14), Umschichtung von Staatsausgaben (vgl. Z. 16), Finanzierung aus wachstumsbedingten, höheren Steuereinnahmen (vgl. Z. 17 ff.).

Argumente gegen Kreditfinanzierung

Argumente gegen Kreditfinanzierung:

- Die **Gesamtverschuldung** (Deutschland) ist seit den 1990er-Jahren drastisch angestiegen (vgl. M 3). Sie lag 2013 auch noch auf dem dritthöchsten Wert seit Gründung der BRD. Die dringend erforderliche und von der Regierung angestrebte Rückführung der Gesamtverschuldung wäre bei einer permanenten Neuaufnahme von Krediten unmöglich.
- Die sogenannte **„Manövriermasse" des Staatshaushaltes**, d. h. die für staatliche Aufgaben verfügbaren Haushaltsmittel, ist ohnehin bereits relativ gering. Sie würde durch weitere Zins- und Tilgungsverpflichtungen noch mehr schrumpfen.
- Der von der Regierung geplante **Konsolidierungspfad** (vgl. M 2), der ab 2015/16 einen ausgeglichenen Haushalt ohne Neuverschuldung beinhaltet, würde durch eine erhöhte Kreditaufnahme gefährdet.
- Eine **erhöhte Zins- und Tilgungslast** müsste ebenfalls gegenfinanziert werden, sodass mittelfristig ohnehin eine Einnahmenerhöhung (z. B. Steuererhöhung) oder Ausgabenkürzungen notwendig wären, d. h., die Belastung würde zwar zeitlich verschoben, durch die **Kreditfinanzierung in späteren Jahren** aber noch erhöht.
- Deutschland hat sich gegenüber der EU verpflichtet, den **Stabilitätspakt** einzuhalten, d. h., Deutschlands **Gesamtverschuldung** muss die 60 %-Prozent-Grenze vom BIP erreichen, 2017 betrug die Staatsverschuldung 64,1 % vom BIP (vgl. M 3). Eine Kreditfinanzierung würde die Erreichung des Ziels gefährden.

Argumente gegen Ausgabenkürzungen / -umschichtungen:

Argumente gegen Ausgaben-umschichtung / -kürzung

- Da der Staat aufgrund der hohen **Staatverschuldung** (2017 immer noch 64,1 % vom BIP; M 3) bereits seit einiger Zeit nach Einsparpotenzialen sucht, sind die Möglichkeiten für weitere Einsparungen gering. Dies gilt insbesondere, weil zahlreiche Ausgaben des Staates auf Verpflichtungen beruhen, die gesetzlich oder durch **nationale oder internationale Vereinbarungen** festgelegt sind und daher kurzfristig nicht reduziert werden können.
- Kürzungen bei notwendigen Infrastrukturmaßnahmen, anderen staatlichen Investitionsvorhaben oder Bildungsausgaben gefährden mittelfristig die **Wettbewerbsfähigkeit** der Wirtschaft und die Attraktivität des Standorts Deutschland.
- Das Gleiche gilt für die Kürzung von den **Strukturwandel** fördernden **Subventionen**, die außerdem die Finanzlage der Unternehmen verschlechtern und so die Investitionsneigung reduzieren könnte. Dies hätte ggf. auch negative Auswirkungen auf Konjunktur, Beschäftigung und Wettbewerbsfähigkeit.
- Kürzungen von **Transferleistungen an die Privathaushalte** reduzieren deren verfügbares Einkommen und gefährden so nicht nur soziale und verteilungspolitische Ziele, sondern können sich auch negativ auf den privaten Konsum und damit auf die konjunkturelle Entwicklung auswirken.
- Die in den beiden letzten Punkten genannte **Schwächung der Konjunktur** würde wiederum zu **Einnahmeausfällen** und ggf. **Ausgabensteigerungen** (z. B. bei erhöhter Arbeitslosigkeit) beim Staat führen und einen Teufelskreis in Gang setzen (**negativer Multiplikatoreffekt**).

Argumente gegen Finanzierung aus Steuereinnahmen:

Argumente gegen Finanzierung aus Steuereinnahmen

- Die erwarteten höheren Steuereinnahmen beruhen auf **Steuerschätzungen**. Wie hoch die Einnahmen letztendlich tatsächlich sind, ist nicht sicher prognostizierbar, sodass ggf. eine Finanzierungslücke entstehen kann.
- Die höheren Steuereinnahmen basieren auf einem soliden Wirtschaftswachstum, das zu wesentlichen Mehreinnahmen insbesondere aus der Mehrwertsteuer und der Lohn-/Einkommensteuer führt. Wie lange diese positive konjunkturelle Entwicklung anhält, ist ebenfalls nicht sicher prognostizierbar, sodass allenfalls aktuelle Einnahmen verplant werden können.
- Die Zusatzeinnahmen sollten zur Haushaltskonsolidierung eingesetzt werden, d. h. zur Vermeidung von Neuverschuldung (M 2) und zur Rückführung der Gesamtverschuldung (M 3).

3. *„Abgrenzen" bedeutet hier, anhand von bestimmten Kriterien die Gemeinsamkeiten und Unterschiede herauszuarbeiten.*

Überblick

Nach ihrer Ursache kann man folgende Arten von Arbeitslosigkeit unterscheiden: saisonale, konjunkturelle, strukturelle und friktionelle. Man kann diese außerdem nach der **Dauer** und dem **Umfang** voneinander abgrenzen.

Friktionelle Arbeitslosigkeit

Von **friktioneller Arbeitslosigkeit** spricht man, wenn bei einem Arbeitsplatzwechsel zwischen Ende des alten und Beginn des neuen Beschäftigungsverhältnisses ein kurzer Zeitraum ohne Beschäftigung liegt. Diese Form der Arbeitslosigkeit wird auch als Fluktuationsarbeitslosigkeit bezeichnet und betrifft nur relativ wenige Arbeitsuchende.

Saisonale Arbeitslosigkeit

Die Ursache der **saisonalen Arbeitslosigkeit** liegt in jahreszeitlich bedingten Witterungsänderungen oder in saisonal bedingten Nachfrageschwankungen. Saisonale Arbeitslosigkeit ist ebenfalls kurzfristiger Natur. Diese Form der Arbeitslosigkeit betrifft i. d. R. ganze Branchen, insbesondere solche, deren Güter oder Dienstleistungen starken jahreszeitlichen Schwankungen unterliegen, wie z. B. Landwirtschaft, Bau- oder Gaststättengewerbe sowie Freizeit- und Touristikindustrie.

Konjunkturelle Arbeitslosigkeit

Die **konjunkturelle Arbeitslosigkeit** beruht auf einer allgemeinen Abschwächung der wirtschaftlichen Entwicklung in der gesamten Volkswirtschaft. Ein Rückgang der Nachfrage beispielsweise führt dazu, dass die Produktion reduziert wird und letztendlich Arbeitskräfte entlassen werden. Die konjunkturelle Arbeitslosigkeit ist in der Regel von mittlerer Dauer, d. h., sie dauert mehr als eine Saison, endet aber mit dem wirtschaftlichen Aufschwung bzw. leicht zeitlich verzögert.

Strukturelle Arbeitslosigkeit

Die **strukturelle Arbeitslosigkeit** beruht auf zeitlichen, räumlichen oder qualifikatorischen Unterschieden zwischen Angebot und Nachfrage auf dem Arbeitsmarkt. Sie wird häufig durch Strukturveränderungen der Wirtschaft verursacht, wenn sich ganze Wirtschaftszweige (z. B. die Textilproduktion) oder Regionen (z. B. die Grenzregion zu Tschechien oder Teile Ostdeutschlands) in einer Krise befinden. Strukturelle Arbeitslosigkeit liegt auch vor, wenn zwar Arbeitsplätze vorhanden sind, die Arbeitsuchenden aber entweder nicht entsprechend qualifiziert sind oder nicht bereit sind, einen Wohnsitzwechsel oder ungewohnte Arbeitszeiten in Kauf zu nehmen. Schließlich kann strukturelle Arbeitslosigkeit auch technologisch bedingt sein, wenn Unternehmen durch Rationalisierungsinvestitionen, z. B. aus Kostengründen, Arbeitsplätze abbauen und durch Maschinen oder automatisierte Fertigung ersetzen. Die strukturelle Arbeitslosigkeit ist häufig langfristig und kann zu Dauerarbeitslosigkeit führen.

4. *Die Aufgabe ist zweiteilig: Nach der reproduktiven Beschreibung der Messung von Arbeitslosigkeit soll die Aussagekraft der Messung kritisch beurteilt werden.*

Maßgrößen: Arbeitslosenzahl und Arbeitslosenquote

Arbeitslosigkeit wird mithilfe der **Arbeitslosenzahl** oder der **Arbeitslosenquote** (ALQ) dargestellt, wobei Letztere aussagekräftiger ist, da die absolute Zahl der Arbeitslosen keine Aussage über das relative Ausmaß der Arbeitslosigkeit im Verhältnis zur Zahl der Erwerbswilligen und -fähigen macht. Die **Berechnung der Arbeitslosenquote** ergibt sich aus dem Anteil der registrierten Arbeitslosen an der Gesamtzahl der zivilen Erwerbspersonen:

Formel

$$ALQ = \frac{\text{registrierte Arbeitslose}}{\text{Erwerbspersonen}} \cdot 100\,\%$$

$$= \frac{\text{registrierte Arbeitslose}}{\text{Erwerbstätige} + \text{registrierte Arbeitslose}} \cdot 100\,\%$$

Erläuterung und Kritik: versteckte Arbeitslosigkeit

Zu den Erwerbstätigen zählen alle abhängig Beschäftigten, Selbstständigen und mithelfenden Familienangehörigen. Die Zahl der registrierten Arbeitslosen erfasst allerdings nicht alle Arbeitsuchenden, da die Formel nicht die sogenannte **versteckte Arbeitslosigkeit** berücksichtigt. Darunter fallen Personen, die aus verschiedenen Gründen nicht in der Statistik erfasst sind, obwohl sie keine Arbeit haben und grundsätzlich einer Erwerbstätigkeit nachgehen wollen. Von versteckter Arbeitslosigkeit spricht man z. B., wenn prinzipiell Arbeitsfähige und -willige sich nicht arbeitssuchend melden und daher statistisch nicht erfasst werden. Dies können z. B. Elternteile am Ende der Kindererziehungsphase oder Arbeit suchende Akademiker im Anschluss an ihr Studium sein. Diese Gruppen sind Bestandteil der sogenannten **Stillen Reserve**. Auch durch Weiterbildungsmaßnahmen, Frührente, 1-Euro-Jobs und andere staatliche Maßnahmen werden prinzipiell Arbeitswillige und -fähige aus der Statistik genommen, ebenso wie diejenigen Arbeitslosen, die über nichtstaatliche Vermittlungsagenturen Arbeit suchen. Aus diesen Gründen unterzeichnet die Arbeitslosenquote das tatsächliche Ausmaß der Arbeitslosigkeit. Andererseits gibt es auch sogenannte Trittbrettfahrer, die zwar arbeitslos gemeldet sind und die Arbeitslosenquote erhöhen, aber eigentlich gar nicht arbeitswillig sind und daher nicht zu den registrierten Arbeitsuchenden gezählt werden dürften. In diesem Fall wird die Arbeitslosenquote überzeichnet.

Überzeichnung der Quote

Fazit

Fazit: Die Kritik an der Aussagekraft des Indikators Arbeitslosenquote ist einerseits berechtigt, da die „Stille Reserve" bzw. die versteckt Arbeitslosen nicht erfasst werden und so die tatsächliche Höhe der Arbeitslosigkeit zu niedrig ausgewiesen wird. Man könnte gegebenenfalls eine bessere Aussagekraft erhalten, wenn die genannten Personengruppen miteinbezogen oder zumindest gemeinsam mit der Arbeitslosenquote separat ausgewiesen würden. Andererseits besteht auch die Trittbrettfahrerproblematik, die die Arbeitslosenquote höher ausfallen lässt, deren Größenordnung aber kaum erfassbar ist.

5. *Der Operator „darstellen" erfordert eine ausführliche Beschreibung, geht aber nicht so weit wie eine Erläuterung.*

Offensive Tarifpolitik der Gewerkschaften

Die **Gewerkschaften** verfolgen eine **offensive oder verteilungsaktive Tarifpolitik**, die primär eine Erhöhung der Lohnquote (Anteil der Einkommen aus unselbstständiger Arbeit am Volkseinkommen) zulasten der Gewinnquote (Einkommen aus Unternehmertätigkeit und Kapital) anstrebt. Das Ziel ist eine langfristige Umverteilung von Einkommen und Vermögen zugunsten der Arbeitnehmer und damit die Stärkung der Kaufkraft.

Defensive Tarifpolitik der Arbeitgeber

Die **Arbeitgeber** verfolgen eine **defensive oder produktivitätsorientierte Lohnpolitik**, in der Lohnerhöhungen maximal dem Zuwachs der Produktivität (Veränderung des BIP pro Erwerbstätigen) entsprechen sollen, sodass die Lohnstückkosten konstant bleiben oder ggf. sogar sinken. Das heißt, die Lohnquote bliebe unverändert oder würde ggf. sogar sinken.

6. *Eine Karikaturinterpretation erfolgt in drei Schritten: Beschreibung, Bedeutungszuordnung und Interpretation. Dabei muss klar werden, was der Karikaturist kritisiert. Eine Diskussion muss Pro- und Kontra-Aspekte gegenüberstellen und mit einem Fazit abschließen.*

Beschreibung und Bedeutungszuordnung der Bild- und Textelemente

Karikaturinterpretation: Die Karikatur zeigt einen Arbeitslosen, der als Anhalter am Straßenrand steht und darauf wartet, „zum Arbeitsmarkt" (Schild in der Hand) mitgenommen zu werden, weil er einen „Job" sucht (Schild auf dem Rücken). Er wurde gerade von den Insassen eines Autos, den „Tarifpartnern", d. h. den Arbeitgeberverbänden und den Gewerkschaften, unbeachtet stehen gelassen. Diese stehen jetzt an der nächsten Kreuzung und streiten, welchen Weg sie fahren sollen, wobei die angegebene Steigung auf den Hinweisschildern den jeweiligen Forderungen der verschiedenen Tarifparteien entspricht. Bei der Differenz zwischen 2 % aufseiten der Arbeitgeber und 6,5 % aufseiten der Arbeitnehmer ist keine schnelle Einigung in Sicht.

Kritik an Tarifverhandlungen

Der Karikaturist möchte kritisieren, dass bei den immer nach dem gleichen Schema ablaufenden Tarifverhandlungen, in denen anfangs die Arbeitgeber prinzipiell zu wenig bieten und die Gewerkschaften prinzipiell zu viel fordern, die Arbeitslosen von den Tarifparteien völlig unberücksichtigt und ohne Mitspracherecht „auf der Strecke" bleiben. Aufgrund der i. d. R. relativ hohen Forderungen der Gewerkschaften besteht auch für viele Arbeitslose so gut wie keine Möglichkeit, den Weg zum Arbeitsmarkt zu schaffen.

Pro: Kaufkrafttheorie

Diskussion: Die These, dass höhere Löhne Arbeitsplätze schaffen, entspricht der Kaufkrafttheorie. Diese geht von folgender Wirkungskette aus: Lohnerhöhungen führen zu größerer Kaufkraft der Haushalte, die sich in erhöhtem privaten Konsum äußert, der über positive Verstärkereffekte das Wirtschaftswachstum fördert, die Gewinne der Unternehmen und deren Investitionen erhöht und so zur Schaffung neuer Arbeitsplätze führt.

Kontra: Kostenargument

Dem ist entgegenzuhalten, dass der primäre Effekt von Lohnerhöhungen eine Kostensteigerung für die Unternehmen ist. Liegen die Lohnerhöhungen über dem Produktivitätszuwachs, steigen die Lohnstückkosten. Können die Unternehmen die Lohnsteigerungen nicht oder nur teilweise auf die Preise überwälzen, reduziert sich ihr Gewinn. Reagieren die Unternehmen mit Vermeidungsstrategien wie Rationalisierungsmaßnahmen und Abwanderung in Billiglohnländer, führt dies zu Arbeitsplatzabbau anstelle des erhofften Beschäftigungszuwachses. Selbst wenn keine Arbeitsplätze abgebaut werden, werden zumindest keine neuen „Jobs" geschaffen, um Arbeitslose zum Arbeitsmarkt „mitzunehmen".

Kontra: Lohn-Preis-Spirale

Das Kaufkraftargument kommt aber auch dann nicht zum Tragen, wenn es den Unternehmen gelingt, die Lohnsteigerungen ganz oder teilweise auf die Preise überzuwälzen, da die Löhne dann zwar nominal steigen, die Kaufkraftsteigerung aber durch die Preiserhöhungen wieder abgeschöpft wird. Verschärfen kann sich die Situation, wenn die höheren Löhne durch einen progressiven Steuertarif effektiv zu einem geringeren Realeinkommen führen. Reagieren die Gewerkschaften auf den Kaufkraftverlust wieder mit erhöhten Lohnforderungen, besteht die Gefahr einer Lohn-Preis-Spirale, die die Preisniveaustabilität, die Kaufkraft und das Wirtschaftswachstum ernsthaft gefährden kann.

Fazit

Fazit: Lohnsteigerungen führen nicht zwangsläufig zu einer Erhöhung der Kaufkraft und den damit verbundenen positiven Effekten für Wachstum und Beschäftigung. Unangemessene Lohnerhöhungen können zu Inflation und sogar zu einem Verlust von Arbeitsplätzen führen.

Checkliste

Aspekt	Ja	Teilweise	Nein	Weiß nicht
TEILAUFGABE 1				
Habe ich die Ziele des Stabilitätsgesetzes gewusst und korrekt wiedergegeben?	☐	☐	☐	☐
Habe ich zwei geeignete Ziele ausgewählt?	☐	☐	☐	☐
Habe ich anhand von Sektoren und Strömen des Kreislaufmodells nachvollziehbare Auswirkungen der Katastrophe auf die gewählten Ziele dargestellt?	☐	☐	☐	☐
Habe ich die Sektoren und Ströme explizit genannt?	☐	☐	☐	☐
Habe ich zwischen kurz- und mittelfristigen Folgen unterschieden?	☐	☐	☐	☐
TEILAUFGABE 2				
Habe ich die drei Finanzierungsalternativen korrekt aus dem Text herausgearbeitet?	☐	☐	☐	☐
Habe ich je zwei sinnvolle Argumente gegen die verschiedenen Alternativen formuliert?	☐	☐	☐	☐
Habe ich konkret auf M 2, M 3 Bezug genommen?	☐	☐	☐	☐
TEILAUFGABE 3				
Habe ich die verschiedenen Arten der Arbeitslosigkeit korrekt gewusst und benannt?	☐	☐	☐	☐
Habe ich die Unterscheidungskriterien Dauer, Umfang und Ursache verwendet?	☐	☐	☐	☐
Habe ich die Gemeinsamkeiten und Unterschiede anhand der Kriterien korrekt dargestellt?	☐	☐	☐	☐
TEILAUFGABE 4				
Habe ich die Maßgrößen korrekt gewusst und benannt?	☐	☐	☐	☐
Habe ich die Ermittlung der Arbeitslosenquote (Formel) korrekt dargestellt?	☐	☐	☐	☐
Habe ich Kritikpunkte an der Arbeitslosenquote nachvollziehbar dargestellt?	☐	☐	☐	☐
Habe ich das Ergebnis korrekt formuliert?	☐	☐	☐	☐
TEILAUFGABE 5				
Habe ich erkannt, dass es sich hier nur um eine Beschreibung, keine ausführliche Erläuterung handelt?	☐	☐	☐	☐
Habe ich die beiden Positionen in ihren wesentlichen Elementen dargestellt?	☐	☐	☐	☐

TEILAUFGABE 6				
Habe ich die Teilschritte einer Karikaturinterpretation systematisch durchgeführt?	☐	☐	☐	☐
Habe ich die Kritik des Karikaturisten korrekt erkannt und formuliert?	☐	☐	☐	☐
Habe ich Pro- und Kontra-Argumente formuliert?	☐	☐	☐	☐
Habe ich mit einem Fazit abgeschlossen?	☐	☐	☐	☐

Klausuren Wirtschaft und Recht
VWL 4: Geld- und Währungspolitik

Bearbeitungszeit: 90 Minuten

Thema: Konjunktur, Geld- und Währungspolitik

Aufgabenstellung

1. Erläutern Sie vor dem Hintergrund der Ziele der Europäischen Zentralbank (EZB) und von M 2 die Aussage aus M 1, „dass die EZB letztlich immer nach demselben Muster agiert“ (M 1, Z. 3).
2. Begründen Sie vor dem Hintergrund von M 1, warum der Krisenkurs der EZB im September 2014 (Senkung des Leitzinses von 0,15 % auf 0,05 %) für die Realwirtschaft „weitgehend wirkungslos“ (M 1, Z. 2) sein kann. Gehen Sie dabei auch auf M 2 ein.
3. Erläutern Sie mithilfe des Kreislaufmodells die „gefährliche Abwärtsspirale aus Preisverfall und schrumpfender Wirtschaft“ (M 1, Z. 15 f.).
4. Stellen Sie dar, welches „Wechselkursziel“ (M 1, Z. 25) die EZB durch ihre Zinssenkungen erreichen will, warum das funktioniert und wie dies zu einem „Entlastungseffekt“ (M 1, Z. 27) für die Wirtschaft führen kann. Verwenden Sie für Ihre Antwort eine Grafik und gehen Sie auch auf M 3 ein.
5. Interpretieren Sie die Karikatur in M 4 vor dem Hintergrund Ihrer Antworten zu den Aufgaben 2 und 4.

M 1: EZB-Krisenkurs 2014 in der Kritik

Der Krisenkurs der Europäischen Zentralbank (EZB) ist nach Einschätzung von Volkswirten in Deutschland weitgehend wirkungslos. „Auch das jetzt beschlossene Maßnahmenpaket zeigt, dass die EZB letztlich immer nach demselben Muster agiert“, schrieb Commerzbank-Chefvolkswirt Jörg Krämer in einer am Freitag in Frankfurt veröffentlichten Analyse. „Die EZB ist leider nicht bereit hinzunehmen, dass Wirtschaftswachstum und Inflation nach dem Platzen einer Schuldenblase naturgemäß niedrig sind.“

Indem sie ihre Geldpolitik immer weiter lockere, helfe sie kaum der Wirtschaft, sondern heize in erster Linie die Preise von Wertpapieren und Immobilien an. „Das Finanzrad dreht sich immer schneller, die Realwirtschaft im Euro-Raum kommt kaum von der Stelle.“ […]

Die EZB hatte am ersten Donnerstag im September [2014] den Leitzins überraschend auf [ein] […] neue[s] Rekordtief […] gesenkt. […]

Die Mini-Inflation und die dümpelnde Konjunktur nähren die Sorge, dass die Euro-Zone auf eine Deflation zusteuert. Das ist eine gefährliche Abwärtsspirale aus Preisverfall und schrumpfender Wirtschaft. Nach Bielmeiers Einschätzung ist die Deflation im südlichen Währungsraum indes eine Folge des Sparkurses in der Schuldenkrise und damit kaum zu verhindern. „Die EZB befürchtet allerdings, dass sich diese in den großen Euro-Ländern schnell festsetzen könnte und dann nur noch schwer zu bekämpfen wäre.“

Der Euro erreichte im Verlauf der Nacht bei 1,2923 US-Dollar den tiefsten Stand seit Juli 2013. Die neue Lockerung der Geldpolitik durch die EZB mit der überraschenden Zinssenkung schickt den Euro auf Talfahrt – nach Aussagen von EZB-Ratsmitglied Ewald Nowotny im österreichischen Fernsehen ein beabsichtigter Effekt. Bisher hatte die Notenbank immer betont, dass sie kein Wechselkursziel verfolge. Dieser Einfluss auf den Eurokurs werde dauerhaft sein und „wir haben einen großen Entlastungseffekt […]“, sagte der Chef der österreichischen Notenbank. […]

Quelle: dpa; Handelsblatt, 5. 9. 2014; http://www.handelsblatt.com/politik/konjunktur/geldpolitik/ezb-krisenkurs-in-der-kritik-hilft-der-realwirtschaft-kaum/10660614.html (gekürzt) (Download vom 6. 9. 2014)

M 2: Eurozone – Zins- und Konjunkturentwicklung

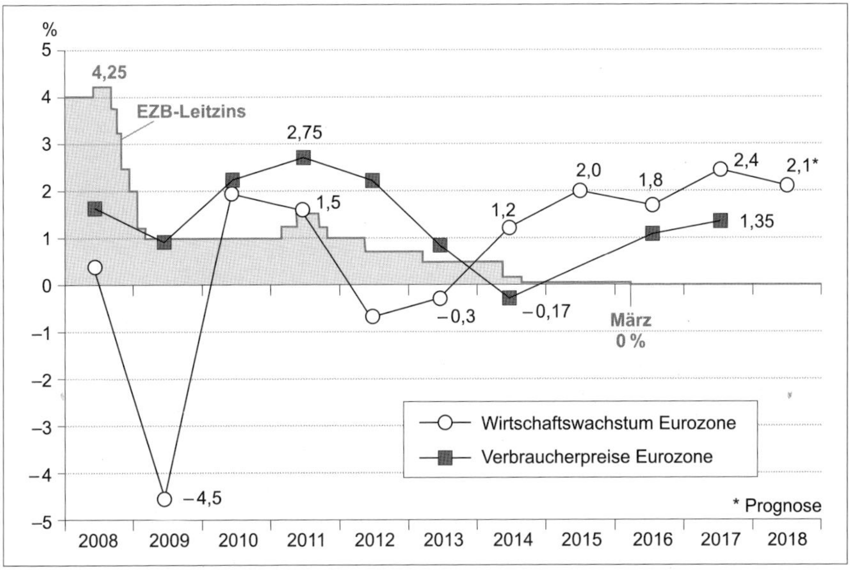

Quellen: Daten nach: eurostat

M 3: Zinsvergleich Euro-Zone/USA

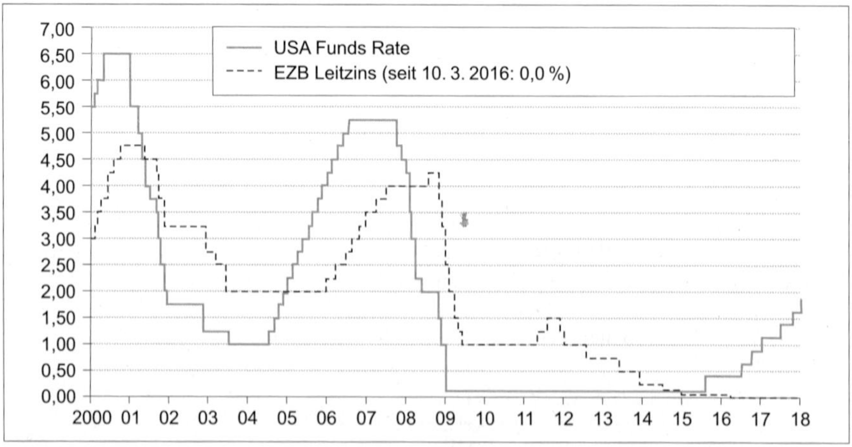

Quelle: Eigene Darstellung nach: http://www.leitzinsen.info/ vom 12. 09. 2018

M 4

„Treffen sich zwei Gespenster …“

Quelle: http://www.general-anzeiger-bonn.de/ga-karikaturen/karikaturen-september-2014-article1440043.html

Gewichtung der Teilaufgaben: 20 % : 20 % : 20 % : 20 % : 20 %

Lösungsvorschläge

1. *Die Fragestellung erfordert eine Darstellung der geldpolitischen Strategie der EZB vor dem Hintergrund von M 2.*

Ziele der EZB

Das oberste Ziel der **EZB** ist die **Preisstabilität**, d. h. eine Inflationsrate von unter, aber nahe 2 %. Sofern die **Preisstabilität nicht gefährdet** ist, unterstützt die EZB als nachrangiges Ziel die **allgemeine Wirtschaftspolitik** in der EU.

Situation seit September 2014

M 2 zeigt, dass seit 2014 die durchschnittliche **Inflationsrate mit –0,17 % bis maximal 1,35 %** zum Teil weit unter und zuletzt noch deutlich **unter 2 %** liegt; in M 1 wird sogar von Deflationsgefahr gesprochen (vgl. M 1, Z. 15). Das Primärziel der EZB ist im Betrachtungszeitraum also allenfalls nach unten gefährdet. Daher kann bzw. muss die EZB die allgemeine Wirtschaftspolitik in der EU unterstützen. Bei einer Wachstumsrate von nur 1,2 % 2014 nach negativen Werten 2012 und 2013 in der Eurozone (M 2) und nur leichten Steigerungen bis 2018 liegt der Schwerpunkt der Wirtschaftspolitik noch immer auf der **Förderung des Wirtschaftswachstums**.

Geldpolitische Strategie

Das immer gleiche Muster, nach dem die EZB reagiert, ist die sogenannte **restriktive und expansive Geldpolitik**, die über eine **Veränderung der Höhe der Leitzinsen** versucht, Einfluss zu nehmen.

Restriktive Geldpolitik

In **Zeiten kritischer Inflation** erhöht die EZB die Leitzinsen, um die Refinanzierung der Geschäftsbanken (Primärwirkung) und damit die Kreditvergabe an Nichtbanken zu verteuern (Sekundärwirkung) und auf diese Weise zu reduzieren. Ziel ist es, einen **dämpfenden Effekt** auf das Geldmengenwachstum und damit die Inflation zu bewirken. Dies kann man in M 2 beispielsweise 2010/11 sehen: Dort folgte auf einen Anstieg der Inflationsrate auch eine Anhebung der Leitzinsen, d. h. eine restriktive Geldpolitik.

Expansive Geldpolitik

In **Zeiten niedriger/sinkender Inflation**, die i. d. R. mit schwachem Wirtschaftswachstum einhergeht, senkt die EZB dagegen die Leitzinsen, um die Refinanzierung der Geschäftsbanken (Primärwirkung) und indirekt die Kreditvergabe an die Nichtbanken günstiger zu gestalten (Sekundärwirkung) und anzukurbeln. Ziel ist, über höhere kreditfinanzierte Nachfrage nach Investitions- und Konsumgütern einen **positiven konjunkturellen Impuls** für das Wirtschaftswachstum auszulösen. Dies kann man auch in M 2 und M 3 sehen: In den Jahren 2008/09 und 2012 bis 2016 senkte die EZB nach dem Rückgang der Inflation auch die Leitzinsen, zuletzt auf 0 %. Mit der expansiven Geldpolitik versucht sie, den niedrigen Wachstumsraten in der EU entgegenzuwirken. Die positive Entwicklung ab 2014 scheint die Wirkung zu bestätigen.

2. *Die Aufgabenstellung zielt auf die Wirkungshemmnisse der Geldpolitik ab, wobei diese konkret mit Blick auf die Situation im September 2014 ausgewählt werden müssen. Rein finanzwirtschaftliche Wirkungen sind dabei nicht zu berücksichtigen, da sich die Frage auf die Realwirtschaft, d. h. auf die gesamtwirtschaftliche Nachfrage nach Gütern und Dienstleistungen bezieht.*

Die Senkung des Leitzinses von 0,15 % auf 0,05 % im September 2014 (M 2, M 3) kann aus verschiedenen Gründen ihre beabsichtigte Wirkung auf die Realwirtschaft verfehlen.

Wirkungshemmnisse der Geldpolitik

Das wesentliche **Wirkungshemmnis** ist, dass die EZB die gesamtwirtschaftliche Nachfrage **nicht unmittelbar steuern**, sondern lediglich **Anreize** setzen kann. Reagieren der Bankensektor oder die Nichtbanken nicht in der gewünschten Weise auf eine expansive Strategie, können die Maßnahmen wirkungslos verpuffen.

nur Anreiz

Ein Problem der Zinspolitik der EZB ist darüber hinaus die **Dosierung**. Bei einer zu geringen Veränderung der Leitzinsen kann die Maßnahme ihre Wirkung verfehlen, da sie für die Wirtschaftssubjekte keinen spürbaren Effekt hat. Die EZB hat praktisch keinen Spielraum mehr nach unten. Die Senkung der Zinsen von 0,15 % auf 0,05 % hat für Unternehmen und Verbraucher keinen wesentlichen Effekt mehr, da sie ohnehin **nur teilweise von den Banken weitergegeben** wird. Zudem verhindern bei dem bereits vorher extrem niedrigen Zinsniveau nicht die Zinshöhe, sondern andere Gründe, wie z. B. die Kreditwürdigkeit, eine Kreditaufnahme.

Dosierung, nur teilweise Weitergabe von den Banken

Aufgrund „des Sparkurses" vor allem im „südlichen Währungsraum" (M 1, Z. 17) (PIGS-Staaten: Portugal, Italien, Griechenland, Spanien) stehen vor allem Arbeitslosigkeit, reduzierte verfügbare Einkommen, damit verbundene **psychologische Hemmnisse bei den Haushalten** (sog. Angstsparen) und negative **Gewinnerwartungen bei den Unternehmen** einer höheren Kreditnachfrage entgegen.

Psychologische Hemmnisse, geringe Gewinnerwartungen

Die besondere Situation nach dem „**Platzen einer Schuldenblase**" (M 1, Z. 6) ist geprägt von Unternehmens- und Privatinsolvenzen, von Vermögensverlusten aufgrund spekulativer Anlagen und von staatlichen Sparmaßnahmen in den Krisenstaaten. Alle diese Faktoren führen zu einer geringen gesamtwirtschaftlichen Nachfrage, die aus den oben genannten Gründen auch durch niedrigste Zinsen nicht effektiv erhöht werden kann.

Situation nach Platzen einer Schuldenblase

Allerdings zeigen die Zahlen ab 2014 für Gesamteuropa eine deutliche Erholung, wobei zumindest anfangs der Basiseffekt gegenüber den niedrigen oder sogar negativen Werten bis 2013 (M 2) zu berücksichtigen ist.

3. *Die Aufgabenstellung erfordert eine Erläuterung des Phänomens der Deflation. Dabei muss explizit mit Sektoren und Strömen des Kreislaufmodells eine schlüssige Darstellung der „Abwärtsspirale" (M 1, Z. 15) erfolgen.*

Mit der „gefährliche[n] Abwärtsspirale aus Preisverfall und schrumpfender Wirtschaft" (M 1, Z. 15 f.) ist das Phänomen der **Deflation** gemeint.

Abwärtsspirale: Deflation

Das „Platzen einer Schuldenblase" (M 1, Z. 6) und die dadurch ausgelöste Finanzkrise haben in zahlreichen Staaten zu einem Rückgang der gesamtwirtschaftlichen Nachfrage geführt.

Rückgang der gesamtwirtschaftlichen Nachfrage

Bei den **Haushalten** (H) liegt das zum einen an einem geringeren verfügbaren Einkommen ($Y_{verfü}$) aufgrund von Vermögensverlusten aus spekulativen Anlagen sowie Arbeitsplatzverlust bei **Unternehmen**ssanierungen oder -insolvenzen (U) und zum anderen an Zukunftsangst, die insgesamt zu einem **geringeren Konsum** (C_H) führt.

Konsum der privaten Haushalte

Spekulative Verluste und Absatzeinbrüche reduzieren auch die **Investitionsbereitschaft** (I) der Unternehmen.

Investitionen der Unternehmen

Geringere **Steuereinnahmen** aus Einkommen und Konsum (T^{dir}, T^{ind}) und **Sparmaßnahmen** zur Haushaltskonsolidierung des **Staates** (St) reduzieren die **staatlichen Ausgaben** (C_{St}) und **Transfers** an Haushalte und Unternehmen (Z_H, Z_U). Dies schränkt deren finanzielle Spielräume sowie die gesamtwirtschaftliche Nachfrage weiter ein.

Staatsausgaben

Letztendlich führt dies zu sinkenden Preisen, die wiederum die Ertragslage der Unternehmen schwächen, sodass es zu weiterem Beschäftigungsabbau und fehlenden Investitionen kommen kann, die einen erneuten negativen Effekt auf die gesamtwirtschaftliche Nachfrage haben und über **negative Multiplikatorprozesse** zu einer **konjunkturellen Abwärtsspirale** führen können.

Negativer Mulitplikator

4. *Darstellen heißt ausführlich beschreiben. Dabei sind das Ziel, der Grund für die Erreichbarkeit und der Effekt auf die Wirtschaft zu berücksichtigen.*

Die EZB hat durch die Zinssenkung eine „Talfahrt" (M 1, Z. 23) des Euro ausgelöst und auch angestrebt. Der **Euro** soll gegenüber dem Dollar dauerhaft **abgewertet** werden.

Zinssenkung führt zu Abwertung

Während der **Zinsschritt** im Frühsommer 2014 die Zinshöhe im Euroraum nur auf das gleiche Niveau wie in den USA bewegt hat, liegt der Zins ab September 2014 durchwegs niedriger als in den USA. Damit ist eine **Geldanlage in Euro** deutlich weniger attraktiv als in US-Dollar. Bei dem ohnehin extrem niedrigen Zinsniveau kommt das umso stärker zum Tragen. Die **Nachfrage nach Euro** ist durch die Zinssenkung von N auf N 1 gesunken.

Relatives Zinsniveau zu USA niedriger; Euro unattraktiver als Anlagewährung

Gleichzeitig werden Anleger Euro verkaufen wollen, sodass das **Angebot an Euro** von A auf A 1 steigt. *Ceteris paribus* führt das zu einem **Sinken des Wechselkurses** von WK_0 auf WK_1.

Grafik

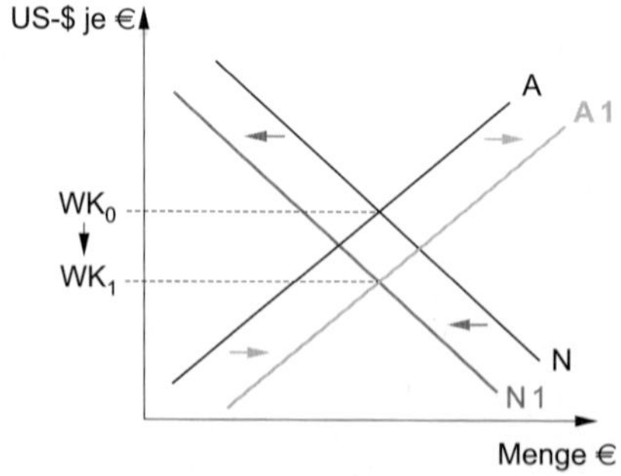

Effekt auf die gesamtwirtschaftliche Nachfrage

Der gesunkene Wechselkurs bedeutet, dass der **Außenwert des Euro** gegenüber dem Dollar sinkt (Abwertung), während der Dollar im Euroraum mehr wert ist (Aufwertung). Damit werden europäische Exportgüter im Dollarraum billiger und attraktiver, sodass im Idealfall mit einer **Zunahme des Exports** zu rechnen ist. Da zahlreiche Länder der EU auf Exporte als Wirtschaftsfaktor angewiesen sind, kann die **zusätzliche Auslandsnachfrage** einen Teil der ggf. fehlenden Binnennachfrage ausgleichen. Gleichzeitig reduziert ein schwacher Euro die Nachfrage europäischer Kunden im Ausland, sodass ggf. auch die **Binnennachfrage** profitiert. Der Rückgang des Wechselkurses kann so einen **positiven konjunkturellen Impuls im Euroraum** setzen und zu dem erwünschten „Entlastungseffekt“ (M 1, Z. 27) führen.

5. *Eine Karikaturinterpretation erfolgt in den drei Schritten Beschreibung, Zuordnen der Bedeutung und Darstellen der Intention des Karikaturisten. Dabei müssen wesentliche Aspekte aus den Aufgaben 2 und 4 einbezogen werden.*

Beschreibung und Bedeutungszuordnung

In der Karikatur erschreckt ein als Gespenst verkleideter Mann, der aufgrund des Gesichts und der Aufschrift als der ehemalige EZB-Präsident Draghi mit seiner Maßnahme der **Leitzinssenkung der EZB** auf 0,05 % identifiziert werden kann, mit einem „HU-HUUH!“ ein „echtes“ Gespenst, das hinter der Ecke gelauert hat und laut Aufschrift die **Deflation** darstellen soll. Dass der EZB-Präsident auf einem Einrad fährt, soll ggf. heißen, dass es ein **Kunststück** ist, was er vorhat. Dem „AAAH!“ des anderen Gespenstes nach zu schließen, ist ihm das allerdings gelungen. Die Bildunterschrift „Treffen sich zwei Gespenster …“ erinnert an den für einen **Witz** typischen Anfang.

Der Karikaturist will den Versuch der EZB, mit der letzten **Zinssenkung** das Deflationsgespenst zu verjagen, d. h. eine **Deflation im Euroraum** zu verhindern, zumindest infrage stellen. Das Gespenst namens Deflation erschrickt zwar, das Einrad, auf dem der EZB-Präsident als „Leitzins-Gespenst" sitzt, deutet allerdings eindeutig darauf hin, dass der Erfolg der Maßnahme als Kunststück und Akrobatik betrachtet wird. Ob das Gespenst der Deflation letztendlich wirklich vertrieben wird, bleibt unklar. Die Bildunterschrift, die an einen klassischen Witz erinnert, soll die **Fragwürdigkeit des Unterfangens** ggf. noch betonen. Interpretation

Glaubt man der **Kritik der Volkswirtschaftler** in M 1, dann wird die Maßnahme „weitgehend wirkungslos" (M 1, Z. 2) bleiben, weil nach einem Festsetzen der Deflation in den großen Euro-Ländern diese nur „schwer zu bekämpfen" (Z. 20) ist. Hintergrund aus Aufgabe 2

Andererseits erwartet man von der Euro-Abwertung einen dauerhaften und großen **Entlastungseffekt** (vgl. Z. 26 f.), der ggf. über positive Impulse für die gesamtwirtschaftliche Nachfrage doch den erwünschten konjunkturellen Anstoß gibt und damit die Deflation vertreibt. Hintergrund aus Aufgabe 4

Checkliste

Aspekt	Ja	Teilweise	Nein	Weiß nicht
TEILAUFGABE 1				
Habe ich die Ziele der EZB gewusst und korrekt wiedergegeben?	☐	☐	☐	☐
Habe ich die wesentliche Strategie der EZB korrekt dargestellt: restriktive und expansive Geldpolitik?	☐	☐	☐	☐
Habe ich meine Antwort mit geeignetem Bezug zu M 2 korrekt belegt?	☐	☐	☐	☐
TEILAUFGABE 2				
Habe ich erkannt, dass es um Wirkungshemmnisse geht?	☐	☐	☐	☐
Habe ich für die Situation in M 2 passende Wirkungshemmnisse ausgewählt und erläutert?	☐	☐	☐	☐
Habe ich konkret auf M 1 und M 2 Bezug genommen?	☐	☐	☐	☐

TEILAUFGABE 3				
Habe ich den Zusammenhang zwischen Abwärtsspirale und Deflation hergestellt?	☐	☐	☐	☐
Habe ich konkret Ströme und Sektoren aus dem Kreislauf verwendet?	☐	☐	☐	☐
Habe ich eine schlüssige Wirkungskette herausgearbeitet?	☐	☐	☐	☐
Habe ich den Multiplikator-/Spiraleffekt klar dargestellt?	☐	☐	☐	☐
TEILAUFGABE 4				
Habe ich das Währungsziel der EZB formuliert?	☐	☐	☐	☐
Habe ich die angestrebte Wirkung auf den Wechselkurs korrekt dargestellt?	☐	☐	☐	☐
Habe ich die Grafik (Marktmodell) korrekt erstellt und im Text explizit darauf Bezug genommen?	☐	☐	☐	☐
Habe ich den „Entlastungseffekt" korrekt erkannt und dargestellt?	☐	☐	☐	☐
TEILAUFGABE 5				
Habe ich die Teilschritte einer Karikaturinterpretation systematisch durchgeführt?	☐	☐	☐	☐
Habe ich alle Bild- und Textelemente korrekt beschrieben und ihnen Bedeutung zugeordnet?	☐	☐	☐	☐
Habe ich die Kritik des Karikaturisten korrekt formuliert?	☐	☐	☐	☐
Habe ich im Zusammenhang wesentliche Elemente aus den Aufgaben 2 und 4 erkannt und explizit darauf Bezug genommen?	☐	☐	☐	☐

Klausuren Wirtschaft und Recht
VWL 5: Währungspolitik, Wirtschaftspolitik, betriebliche Entscheidungen

Bearbeitungszeit: 90 Minuten

Thema: Konjunktur, Geld- und Währungspolitik, Kosten, Erlös und Gewinn

Aufgabenstellung

Bis Mitte 2014 war der Euro gegenüber dem US-Dollar stark, in der zweiten Jahreshälfte wurde er immer schwächer. Dieser Zustand hielt bis Anfang 2017 an.

1. Begründen Sie die Aussage des damaligen Notenbankchefs Noyer: „Um unser Inflationsziel von zwei Prozent im Jahr zu erreichen, mussten wir den Euro drücken" (M 1, Z. 28 f.). Gehen Sie dabei auch auf M 2 ein und verwenden Sie möglichst konkrete Beispiele.

2. Erläutern Sie vor dem Hintergrund von M 1 und M 2, welche Vorteile ein schwacher Wechselkurs für ein Land hat und warum die großen Wirtschaftsmächte gemeinsam beschlossen haben, „von einer gezielten Währungsschwächung absehen zu wollen" (M 1, Z. 16).

3. Erklären Sie mithilfe einer Zeichnung, welchen Effekt ein schwacher Euro auf die Kostensituation eines Unternehmens der Exportwirtschaft (vgl. M 1, Z. 26 f.) hat, das einen großen Anteil seiner Rohstoffe ebenfalls aus dem Nicht-Euro-Ausland bezieht.

4. Zeigen Sie mithilfe Ihrer sinnvoll ergänzten Zeichnung zu Aufgabe 3, dass ein Unternehmen trotz eines schwachen Euro *ceteris paribus* seine Gewinnsituation dennoch halten oder sogar verbessern kann, selbst wenn es die Preise konstant hält.

5. Ordnen Sie Jürgen Starks Forderung nach „Bedingungen für mehr private Investitionen" (M 3, Z. 14) in eine wirtschaftspolitische Grundposition ein und stellen Sie diese kurz dar.

6. Nehmen Sie kritisch Stellung zu der Aussage: „Die EZB betreibe seit längerer Zeit Fiskal- und Wirtschaftspolitik und habe damit den Rahmen ihrer Aufgaben längst verlassen" (M 3, Z. 4 f.). Gehen Sie dabei auch auf M 2 ein.

M 1: EZB schießt zunehmend schärfer gegen den Euro

Frankfurt/Main (dpa) – „Wir müssen den Euro weiter schwächen." Der Satz stammt von Christian Noyer, seines Zeichens Chef der französischen Notenbank [Anm. der Redaktion: seit Ende 2015 nicht mehr im Amt]. Gefallen ist die Bemerkung an diesem Donnerstag. Brisant ist die Aussage allemal, denn die Europäische Zentralbank (EZB), in deren Rat Noyer sitzt, will sich eigentlich nicht zu Wechselkursen äußern. Oder besser gesagt: sie wollte es nicht. Denn Noyer ist nicht der einzige Notenbanker, der nun offen zugibt, dass die EZB die Gemeinschaftswährung mit ihrer Politik aufweicht. Bricht die Notenbank mit ihrem Vorsatz, den Euro nicht unmittelbar beeinflussen zu wollen?

„Die EZB hat kein Wechselkursziel." Dieser Satz war jahrelang zu hören, wenn europäische Notenbanker nach der Entwicklung des Eurokurses gefragt wurden. So gut wie nie kam es vor, dass ranghohe Zentralbanker den Euro „schwach geredet" haben. Einmal war es anders: Im Frühjahr 2013 intervenierte EZB-Chef Mario Draghi verbal gegen den damals immer stärkeren Euro. Es war die Zeit, in der das Schlagwort „Währungskrieg" die Runde machte. Seinerzeit lockerte eine Notenbank nach der anderen ihre Geldpolitik [...]. Wenig später fassten die großen Wirtschaftsmächte G20 den Beschluss, von einer gezielten Währungsschwächung absehen zu wollen.

Danach blieb es lange Zeit ruhig. Zuletzt auch deswegen, weil sich in den USA und Großbritannien immer mehr eine geldpolitische Wende abzeichnet. Das stärkt den US-Dollar und das britische Pfund, im Gegenzug verlieren andere Währungen – so auch der Euro. [...] In Europa aber hielt sich Notenbankchef Mario Draghi bis vor kurzem sehr bedeckt – obwohl der lange Zeit starke Euro das ohnehin schwache Wachstum dämpfte und die niedrige Inflation weiter drückte. Doch das Blatt scheint sich gewendet zu haben.

Vor einer Woche brach der österreichische Notenbankchef Ewald Nowotny das Schweigen. Offen gab er zu, dass die jüngste geldpolitische Lockerungsrunde der EZB eine Schwächung des Euro zum Ziel habe. Von einem „Entlastungseffekt für die Exportwirtschaft" sprach Nowotny [...]. Frankreichs Notenbankchef Noyer räumte nun ein: „Um unser Inflationsziel von zwei Prozent im Jahr zu erreichen, mussten wir den Euro drücken." Und er ergänzte: „Wir müssen den Euro weiter schwächen." [...]

Quelle: Bernhard Funck, dpa-AFX, URL: http://www.eu-info.de/dpa-europaticker/255498.html vom 11. 09. 2014

M 2: Eurozone – Zins- und Konjunkturentwicklung

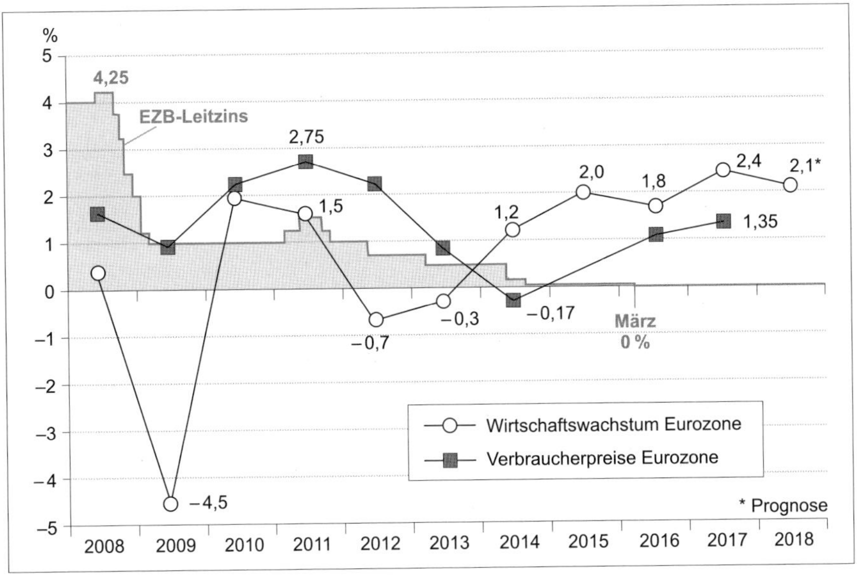

Quelle: Daten nach: eurostat

M 3: Politik nur für schwache EU-Länder

Die Europäische Zentralbank verfolge eine Politik, die vor allem „Peripherieländern" wie Spanien und Italien zugute komme, kritisiert [im Herbst 2014] der Wirtschaftswissenschaftler Jürgen Stark [bis 2012 Chefvolkswirt und Direktoriumsmitglied der Europäischen Zentralbank (EZB)]. Die EZB betreibe seit längerer Zeit Fiskal- und Wirtschaftspolitik und habe damit den Rahmen ihrer Aufgaben längst verlassen, sagte Stark im DLF [Deutschlandfunk].

Die EZB müsse auf den Durchschnitt der Finanzentwicklung in Europa achten, sagte Jürgen Stark […] im Deutschlandfunk. Seit geraumer Zeit entstehe jedoch der Eindruck, dass die Zinspolitik der Zentralbank in erster Linie schwachen Euro-Ländern wie Italien und Spanien zugutekomme. Für die deutsche Volkswirtschaft sei die Geldpolitik dagegen „nicht notwendigerweise optimal", so Jürgen Stark.

Wichtiger sei dagegen, an die Gründe für das geringe Wirtschaftswachstum Europas heranzugehen. Das Problem sei nicht eine fehlende Nachfrage. Es müssten vielmehr Bedingungen für mehr private Investitionen geschaffen werden, sagte der Wirtschaftswissenschaftler […].

Quelle: Heinemann, Christoph/Stark, Jürgen; URL: http://www.deutschlandfunk.de/europaeische-zentralbank-politik-nur-fuer-schwache-eu.694.de.html?dram:article_id=297303 vom 12. 9. 2014

Gewichtung der Teilaufgaben: 15 % : 20 % : 20 % : 15 % : 15 % : 15 %

Lösungsvorschläge

1. *Die Fragestellung erfordert eine schlüssige Argumentation, wie ein schwacher Euro die Inflation erhöht. Dabei sind explizite Bezüge zu M 2 und konkrete Beispiele zu verwenden.*

Das oberste Ziel der **EZB** ist die **Preisstabilität**, d. h. eine Inflationsrate von unter, aber nahe 2 %. M 2 zeigt, dass 2014/2015 (Bezugsdatum zum Text) die durchschnittliche Inflationsrate **deutlich unter den erwünschten knapp 2 %** lag. — Ziel der EZB

Das Primärziel der EZB war also weit unterschritten; es bestand sogar eine Deflation. Die Ursache lag wohl auch in der **Wachstumsschwäche** der Eurozone mit einer Wachstumsrate von nur gut einem Prozent (2014) nach negativen Zahlen 2012 und 2013 in der Gesamt-EWU (M 2). — Deflationsgefahr

Es war daher wünschenswert, dass die EZB eine etwas höhere Inflationsrate anstrebte. Ein solcher Effekt ist entweder über eine **Ankurbelung der Wirtschaft** oder über die **Währungspolitik** möglich. Sinkt der Eurokurs gegenüber anderen Währungen, so sinkt gleichzeitig der **Außenwert des Euro**, d. h., die Kaufkraft des Euro im Ausland ist niedriger. Umgekehrt steigen für die Käufer aus der Euro-Zone alle Preise für Import-Güter und -Dienstleistungen, die in Auslandswährung zu bezahlen sind, da dafür mehr Euro aufgewendet werden müssen. Die **Verteuerung des Imports** führt zum Phänomen der sogenannten **importierten Inflation**. So steigt mit fallendem Euro z. B. der Preis für Rohöl, das eine große Rolle sowohl für die Energiepreise als auch als Rohstoff spielt. Außerdem werden Auslandsreisen ins Nicht-EWU-Ausland teurer. — Importierte Inflation durch geringeren Außenwert des Euro; Beispiele

Importierte Inflation kann gleichzeitig durch einen höheren **Geldzufluss aus dem Ausland** entstehen. Auch dies wird durch einen schwachen Euro gefördert: Die Kaufkraft des Nicht-Euro-Auslands in der Eurozone steigt analog zum fallenden Euro, die Attraktivität der Güter und Dienstleistungen aus der Eurozone nimmt zu. Steigt deshalb der Export, fließen entsprechend mehr Devisen als Entgelt für die exportierten Güter in die Eurozone, erhöhen hier die Geldmenge und führen ggf. zu einer importierten, **geldmengeninduzierten Inflation**, weil im Euroraum mehr Geld zur Verfügung steht, gleichzeitig aber durch den Export weniger Güter und Dienstleistungen vorhanden sind. So könnten z. B. Urlaubsreisen von Nicht-EU-Ausländern in die Eurozone oder europäische Güter wie Lebensmittel, Kraftfahrzeuge, Gesundheits- und Umwelttechnologie zunehmend nachgefragt werden. — Importierte, geldmengeninduzierte Inflation; Beispiele

2. *Die Aufgabenstellung ist zweiteilig: Nach der Erläuterung der Vorteile eines schwachen Wechselkurses muss erklärt werden, warum Kursmanipulationen insgesamt abzulehnen sind.*

Positive Auswirkungen einer Kurssenkung

Ein sinkender Wechselkurs bedeutet, dass der **Außenwert einer Währung** gegenüber dem Ausland sinkt (Abwertung), während die ausländische Währung im Inland mehr wert wird (Aufwertung). Damit werden eigene Exportgüter im Ausland billiger und attraktiver, sodass im Idealfall mit einer **Zunahme des Exports** zu rechnen ist. Gerade in einer konjunkturellen Krise kann die **zusätzliche Auslandsnachfrage** einen Teil der ggf. fehlenden Binnennachfrage ausgleichen. Gleichzeitig reduziert eine schwache Heimatwährung die Nachfrage der Inländer im Ausland, sodass diese mehr im Inland kaufen und damit auch die **Binnennachfrage** profitiert. Eine Schwächung des Wechselkurses kann so einen **positiven konjunkturellen Impuls im Inland** setzen und über einen positiven Multiplikatoreffekt ggf. aus einer Wachstumskrise führen, wie sie beispielsweise in der Eurozone in den Jahren 2012 bis 2014 mit Wachstumsraten zwischen –0,7 % und + 1,2 % vorzufinden ist (vgl. M 2).

Situation in der Eurozone 2014

Gründe gegen Kursmanipulationen

Werten allerdings mehrere Länder bzw. Währungsräume gleichzeitig ihre Währungen ab, da sie sich in der gleichen schwachen konjunkturellen Situation befinden, kann daraus ein regelrechter „Währungskrieg" (M 1, Z. 14) entstehen, in dem die Länder um die Wette abwerten. Außerdem ist der Kaufkraftverlust im Ausland auch mit Nachteilen für die heimische Wirtschaft und Bevölkerung verbunden, insbesondere dann, wenn man auf Importe angewiesen ist. Schließlich ist eine gezielte Abwertung der eigenen Währung als protektionistische Maßnahme zu werten, die i. d. R. nur zu Gegenmaßnahmen der betroffenen Handelspartner und zu einer zunehmenden Abschottung der Länder führt. Dies bringt allenfalls kurzfristig Vorteile und ist in einer global vernetzten Welt unerwünscht.

Aus diesen Gründen haben die Wirtschaftsnationen sich dagegen entschieden.

3. *Die Aufgabenstellung erfordert neben einer Zeichnung eine Erklärung der Auswirkung des Kursrückgangs auf die den Rohstoffen zugeordnete Kostenart und die gesamte Kostensituation.*

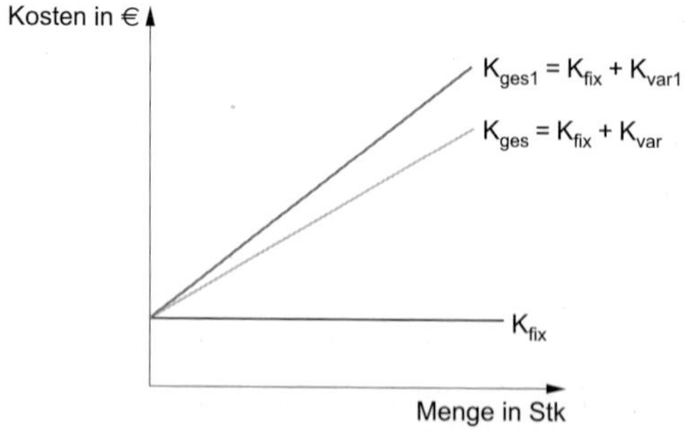

Zeichnung: Kostenveränderung

Ein niedrigerer Euro-Kurs bedeutet einen geringeren Außenwert des Euro, d. h., dass das Unternehmen für die Rohstoffe im Nicht-Euro-Ausland umgerechnet mehr bezahlen muss, weil es mehr Euro für den entsprechenden Devisenbetrag in Höhe des Kaufpreises der Rohstoffe aufbringen muss.

Wirkung der Kursveränderung auf Rohstoffpreise

Rohstoffkosten sind abhängig von der Produktionsmenge (Menge in Stück) und gehören daher zu den **variablen Kosten**.

Zuordnung zu Kostenart

Insgesamt erhöhen sich damit bei gleicher Produktionsmenge die **Gesamtkosten** ($K_{ges} = K_{fix} + K_{var}$) von K_{ges} auf K_{ges1} und zwar um den Betrag der höheren variablen Kosten.

Auswirkung auf Kostensituation

4. *Die Aufgabenstellung erfordert eine sinnvolle Ergänzung der Grafik zur Aufgabe 3 um die entsprechenden Elemente und die verbale Erklärung des Dargestellten mit direktem Bezug zur Währungsschwäche.*

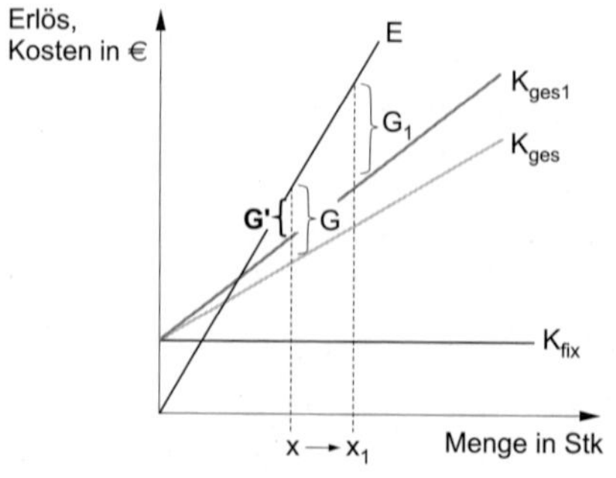

Zeichnung: Erlös, Kosten sowie Gewinn vor und nach der Abwertung des Euro bei konstanten Preisen

Durch die wechselkursbedingte Erhöhung der Rohstoffpreise (siehe Lösung zu Aufgabe 3) wandert der **Break-Even-Point** nach rechts auf eine höhere Absatzmenge bzw. schrumpft *ceteris paribus* der **Gewinn** (= Erlös – Kosten) um den Betrag der Kostenerhöhung. Siehe Grafik: $E - K_{ges}$ ist größer als $E - K_{ges1}$

Veränderte Gewinnsituation durch Euro-Abwertung

bei jeder beliebigen Absatzmenge; bei der Absatzmenge x ist G größer als G'. Dies kann durch die veränderte Wechselkurssituation jedoch ggf. ausgeglichen werden.

Aufwertung der Auslandswährung

Ein schwacher Eurokurs bedeutet nämlich umgekehrt, dass der Kurs der entsprechenden **Auslandswährung steigt (Aufwertung)** und damit auch die Kaufkraft der Auslandswährung im Euroraum, weil für einen Euro ein geringerer Devisenbetrag eingetauscht werden muss.

Größere preisliche Attraktivität

Bleiben die Preise der Güter in Euro konstant, bedeutet das für das Nicht-Euro-Ausland, dass die Preise umgerechnet in Auslandswährung günstiger und damit die Produkte **preislich attraktiver** werden. Dies führt idealtypischerweise dazu, dass der **Export** ins Ausland steigt; das bedeutet für das Unternehmen der Exportbranche, dass sein **Absatz** von x auf x_1 steigt.

Gleicher oder höherer Gewinn bei höherem Absatz

Im Idealfall steigt der Absatz so stark, dass die **Kostensteigerung** aufgrund des verteuerten Rohstoffimports nicht nur ausgeglichen, sondern überkompensiert wird, d. h., dass die Differenz $E(x_1) - K_{ges1}(x_1)$ gleich oder wie in der Grafik sogar größer ist als $E(x) - K_{ges}(x)$. So kann das Unternehmen trotz eines **geringeren Erlöses und Gewinns pro Stück** über die Erhöhung der gesamten Absatzmenge den **Gesamterlös** soweit erhöhen, dass die Höhe des **Gesamtgewinns** vor der Kursschwäche wieder erreicht oder sogar übertroffen wird.

5. *Der Operator „einordnen" erfordert eine begründete Zuordnung zur gewählten wirtschaftspolitischen Grundkonzeption.*

Einordnung

Starks Forderung nach „Bedingungen für mehr private Investitionen" (M 3, Z. 14) lässt sich der **angebotsorientierten Wirtschaftspolitik** zuordnen. Die Einschätzung wird durch die Aussage, „[d]as Problem sei nicht eine fehlende Nachfrage" (Z. 13), unterstützt, die sich gegen eine Nachfragelücke als Krisenursache und damit gegen eine nachfrageorientierte Politik richtet.

Begründung

Darstellung: Wirkungsmechanismus

Ziel der angebotsorientierten Wirtschaftspolitik ist die **Verbesserung der unternehmerischen Rahmenbedingungen**, um das Investitionsklima zu verbessern. Man geht dabei davon aus, dass nachhaltige Wachstumsimpulse vor allem von **Investitionen** ausgehen, die nicht nur die **Erträge und Einkommen** in der Investitionsgüterindustrie erhöhen, sondern im Idealfall auch **Arbeitsplätze**, damit weitere Einkommen sowie **private Nachfrage** schaffen und sich über **Multiplikatoreffekte** positiv auf die gesamte Wirtschaft auswirken.

Maßnahmen

Maßnahmen zur Verbesserung des Investitionsklimas sind neben niedrigen Zinsen und anderen günstigen Kreditkonditionen z. B. Konstanz der Geldpolitik, Deregulierung von Marktprozessen, Abbau von staatlichen Eingriffen sowie von Belastungen durch Steuern und Sozialabgaben, angemessene Lohnpolitik und Bürokratieabbau.

6. *Eine kritische Stellungnahme erfordert eine begründete persönliche Meinung, bei der im Idealfall verschiedene Perspektiven eingenommen werden. Hier muss die Aussage vor dem Hintergrund des Jahres 2014 gesehen und beurteilt werden.*

Ziele der EZB

Die Aufgaben der EZB sind vor allem durch ihre Ziele definiert. Das oberste Ziel der **EZB** ist die **Preisstabilität**, d. h. eine Inflationsrate von unter, aber nahe 2 %. Sofern die **Preisstabilität nicht gefährdet** ist, unterstützt die EZB als nachrangiges Ziel die **allgemeine Wirtschaftspolitik** in der EU.

Situation seit 2014

M 2 zeigt, dass 2014/2015 die durchschnittliche **Inflationsrate weit unter 2 %** lag. Das Primärziel der EZB war allenfalls nach unten gefährdet. Daher konnte bzw. musste die EZB gemäß ihrer Ziele die allgemeine Wirtschaftspolitik in der EU unterstützen. Mit einer Wachstumsrate von nur gut 1 % (2014) nach negativen Zahlen 2012 und 2013 in der Gesamt-EWU (M 2) lag der Schwerpunkt der Wirtschaftspolitik auf der **Förderung des Wirtschaftswachstums**. So hatte die Politik der EZB die gleiche Zielrichtung wie die Fiskalpolitik der EU-Staaten.

Diskussion der These

Vor diesem Hintergrund ist die Aussage, dass die EZB seit längerem **Fiskal- und Wirtschaftspolitik** betreibe (vgl. M 3, Z. 4), inhaltlich zwar korrekt. Dass sie damit bereits 2014 „den **Rahmen ihrer Aufgaben** längst verlassen“ (M 3, Z. 5) habe, kann jedoch aus den oben genannten Gründen bestritten werden.
Auch die Aussage, „dass die Zinspolitik der Zentralbank in erster Linie **schwachen Euro-Ländern** wie Italien und Spanien zugutekomme“ (M 3, Z. 9 f.), muss kritisch betrachtet werden. Stark bringt selbst das Gegenargument: Die EZB muss „auf den **Durchschnitt der Finanzentwicklung** in Europa achten“ (M 3, Z. 7). Gemäß M 2 ist die Inflationsrate bis 2014 bei gleichzeitig geringem Wirtschaftswachstum zu niedrig mit fallender Tendenz. Niedrige Zinsen (vgl. M 2, 2015 0,05 %) sind in dieser Situation eine zielkonforme Entscheidung. Aufgrund der unterschiedlichen Situation einzelner Länder in der Eurozone kann dies durchaus bedeuten, dass manche mehr und andere weniger – laut Stark z. B. Deutschland (M 3, Z. 10 f.) – davon profitieren. Für die EZB muss allerdings die Gesamtsituation passen, um ihrer Aufgabe gerecht zu werden. Nur wenn man davon ausgeht, dass die Zinssenkungen auf das extrem niedrige Niveau von 0,05 % (M 2) sowie die Schwächung des Euro (M 1) **mittelfristig das Ziel der Preisstabilität** gefährden, vernachlässigt die

EZB ihre primäre Aufgabe als Währungshüterin und legt zu großen Wert auf konjunkturelle Impulse.

Fazit: Die Aussage von Stark ist zwar z. T. inhaltlich nachvollziehbar, kann jedoch in anderen Teilen nicht unwidersprochen stehenbleiben; z. T. bietet Stark selbst dafür die Argumentationsgrundlage Fazit

Checkliste

Aspekt	Ja	Teilweise	Nein	Weiß nicht
TEILAUFGABE 1				
Habe ich das Primärziel der EZB korrekt angegeben?	☐	☐	☐	☐
Habe ich erkannt, dass die Importkosten der Schlüssel zur korrekten Lösung sind?	☐	☐	☐	☐
Habe ich den Zusammenhang zwischen Wechselkurs, Außenwert und Inflation schlüssig dargestellt?	☐	☐	☐	☐
Habe ich auf M 2 Bezug genommen und konkrete Beispiele angegeben?	☐	☐	☐	☐
TEILAUFGABE 2				
Habe ich die Vorteile einer Kursschwäche für Export und Binnennachfrage korrekt benannt?	☐	☐	☐	☐
Habe ich Gründe gegen Kursmanipulationen angegeben?	☐	☐	☐	☐
Habe ich konkret auf M 1 und M 2 Bezug genommen?	☐	☐	☐	☐
TEILAUFGABE 3				
Habe ich eine korrekte, saubere Zeichnung zur Kostensituation und ihrer Veränderung erstellt?	☐	☐	☐	☐
Habe ich die Kostenart begründet zugeordnet?	☐	☐	☐	☐
Habe ich den Zusammenhang zwischen Währungsschwäche und Kostensituation formuliert?	☐	☐	☐	☐
Habe ich explizit auf die Zeichnung Bezug genommen?	☐	☐	☐	☐

TEILAUFGABE 4				
Habe ich den Zusammenhang zwischen Abwertung und Produktpreis im Ausland erkannt und korrekt erklärt?	☐	☐	☐	☐
Habe ich die Wirkung auf Absatz und Gewinn erkannt?	☐	☐	☐	☐
Habe ich die Zeichnung zu Aufgabe 3 korrekt ergänzt?	☐	☐	☐	☐
Habe ich den Zusammenhang zwischen Währungsschwäche, Absatzmenge, Erlös und Gewinn korrekt formuliert?	☐	☐	☐	☐
Habe ich explizit auf die Zeichnung Bezug genommen?	☐	☐	☐	☐
TEILAUFGABE 5				
Habe ich die Aussage der richtigen wirtschaftspolitischen Konzeption zugeordnet und dies begründet?	☐	☐	☐	☐
Habe ich Grundelemente, Ziele und Maßnahmen der angebotsorientierten Wirtschaftspolitik korrekt dargestellt?	☐	☐	☐	☐
TEILAUFGABE 6				
Habe ich beide Ziele der EZB gewusst?	☐	☐	☐	☐
Habe ich die Situation 2014 dargestellt?	☐	☐	☐	☐
Habe ich Pro- und Kontra-Argumente formuliert?	☐	☐	☐	☐
Habe ich mit einem Fazit abgeschlossen?	☐	☐	☐	☐

Bearbeitungszeit: 90 Minuten

Thema: Außenwirtschaft

Aufgabenstellung

1. Erläutern und begründen Sie das Ziel des außenwirtschaftlichen Gleichgewichts sowie den Grund, weshalb Deutschland einen leicht positiven Außenbeitrag anstrebt.
2. Beschreiben Sie den grundsätzlichen Verlauf des deutschen Leistungsbilanz- und Handelsbilanzsaldos sowie das Verhältnis der beiden Salden zueinander im angegebenen Zeitraum (M 1) und geben Sie mögliche Gründe dafür an.
3. Zeigen Sie, welche Wirkung auf die Leistungsbilanz der BRD (M 1) die Ökonomin am Centre for European Policy Studies mit ihrer Forderung in M 2 erreichen will.
4. Beurteilen Sie die Forderung mithilfe der Abbildungen in M 3 und M 4.
5. Erklären Sie, was man unter Protektionismus versteht, und beschreiben Sie weitere, nicht in M 5 genannte protektionistische Maßnahmen.
6. Diskutieren Sie, ob protektionistische Maßnahmen eine geeignete Strategie zur Belebung der nationalen Wirtschaft sind. Beziehen Sie dabei auch M 5 mit ein.

M 1: Deutschlands Außenbilanzen

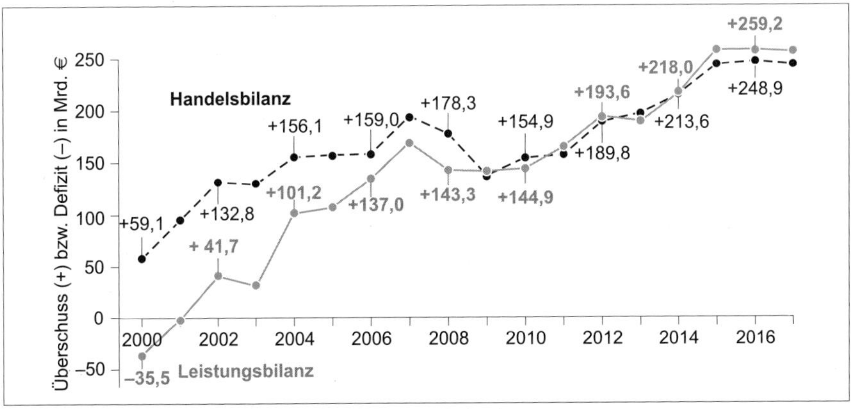

Daten nach: Statistisches Bundesamt, Deutsche Bundesbank

M 2: Europa ist aus dem Gleichgewicht geraten

[So wie 2018 US-Präsident Trump gegen den Handelsbilanzüberschuss zwischen China und den USA protestierte und diesem mit Strafzöllen begegnete, beklagten sich Anfang des Jahrzehnts die europäischen Handelspartner über den deutschen Handelsbilanzüberschuss. Der Exportstreit eskalierte insbesondere mit Frankeich:]

Frankreich legt im Exportstreit nach: Die Deutschen sollen endlich mehr konsumieren und weniger exportieren, fordert [das Wirtschaftsministerium]. Vorschreiben lässt sich das freilich nicht. Der Streit verdeutlicht vielmehr, wie groß die Ungleichheiten in Europa mittlerweile sind. […]

Auch in Brüssel setzt sich offenbar die Ansicht durch, Deutschland müsse einen Teil seiner Wettbewerbsfähigkeit aufgeben, um den europäischen Nachbarn im Süden zu helfen. „Die Lohnzurückhaltung in Deutschland sollte aufhören“, fordert etwa [eine] Ökonomin am Centre for European Policy Studies – dem wichtigsten Think Tank in Brüssel. Das brächte den Menschen in Deutschland mehr Einkommen und könnte den Konsum ankurbeln, sodass die europäischen Nachbarn mehr nach Deutschland exportieren könnten. Außerdem würden die Produkte anderer Länder konkurrenzfähiger. […]

Quelle: Wisdorff, F./Kaiser, T.; URL: http://www.welt.de/wirtschaft/article6820630/Europa-ist-aus-dem-Gleichgewicht-geraten.html vom 17. 3. 2010

M 3: Leistungsbilanzsalden und Lohnstückkosten (Euro-Raum)[1]

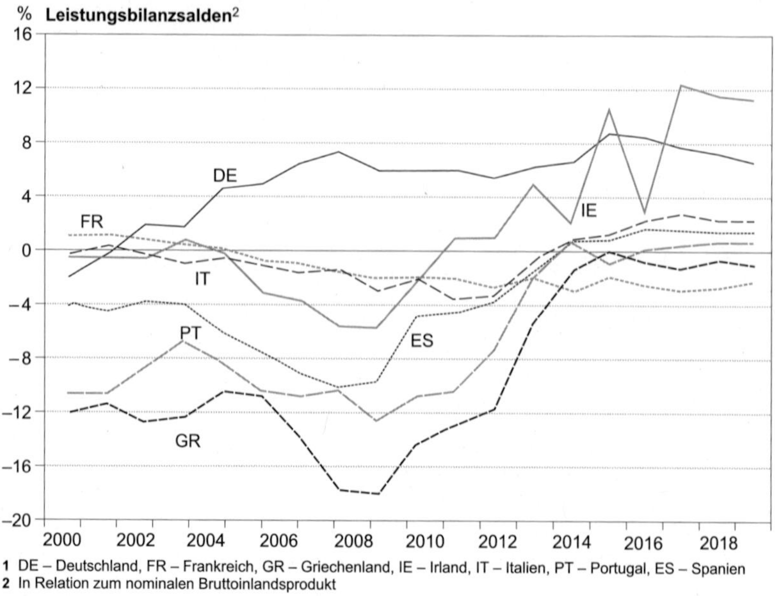

1 DE – Deutschland, FR – Frankreich, GR – Griechenland, IE – Irland, IT – Italien, PT – Portugal, ES – Spanien
2 In Relation zum nominalen Bruttoinlandsprodukt

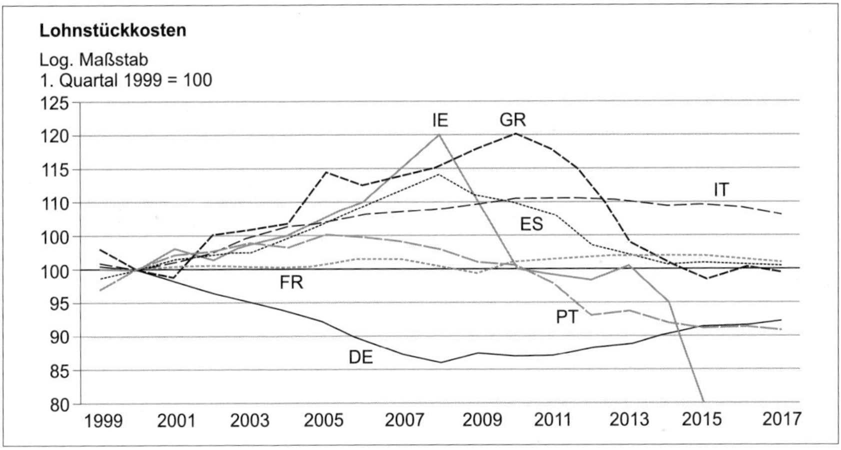

Quelle: Europäische Kommission, IWF, © Sachverständigenrat

M 4: Deutschlands Leistungsbilanzüberschuss ggü. EWU fällt seit 2007

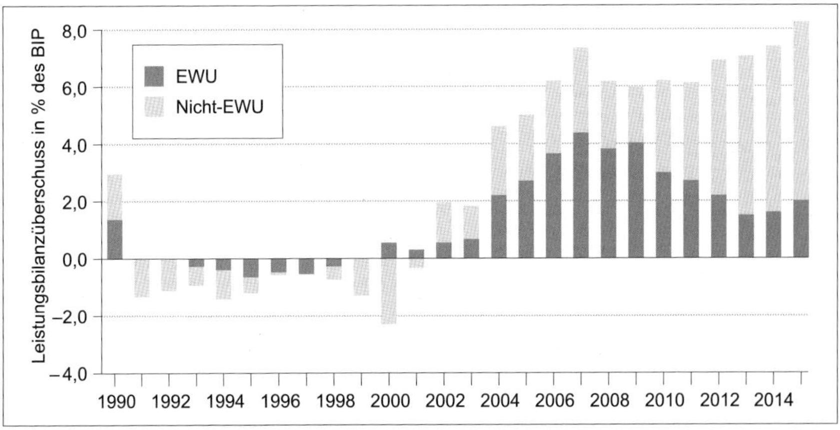

Quelle: Deutsche Bundesbank, Statistisches Bundesamt, DB Research

M 5: US-Wirtschaftsförderung a la Trump

Der US-Präsident Donald Trump will vor allem eins: die amerikanische Wirtschaft stärken. Koste es, was es wolle. Ausländische Unternehmen sind für ihn für die geringe US-Wettbewerbsfähigkeit mancher Industrien verantwortlich. [...]

Nun hat Trump das Dekret „Buy American, hire American" (kaufe US-Produkte, stell Amerikaner ein) unterschrieben. US-Firmen sollen bei Regierungsaufträgen bevorzugt und die Vergabe an Visa für Ausländer erschwert werden. Sämtliche

Handelsbeziehungen der USA müssen nun von Beamten untersucht werden und wenn notwendig sollen […] Strafen […] erhoben werden.

Die Stahlindustrie wird dabei […] unter die Lupe genommen und ist für Trump von besonderer Wichtigkeit. […]

„Buy American"-Bestimmungen, also die Bevorzugung von US-amerikanischen Firmen, sind bereits seit Jahren im US-Gesetz verankert. Aber Sonderfreigaben und -regeln für ausländische und oft günstigere Stahlhersteller führten […] dazu, dass es selten zu einer Umsetzung der Gesetze kam.

Viele Insider bezweifeln, dass […] Donald Trump es schaffen wird, die Stahlimporte einzuschränken bzw. Preisdumping aus dem Ausland zu vermeiden.

Bill Hickey, Präsident von Lapham-Hickey Steel, sagt, dass es „Buy American"-Aufforderungen schon seit Jahrzehnten gäbe, aber bis jetzt hätten es Amerikaner bzw. ausländische Auftragnehmer immer wieder geschafft, Schlupflöcher zu finden und importierten Stahl zu verwenden bzw. einzukaufen. […]

Erschwerend kommt hinzu, dass einige Stahlprodukte, wie Weißblech oder Halbfertigware, überhaupt nicht in den USA hergestellt werden. Falls also das „Buy American"-Dekret falsch angewendet würde, könnte es sogar dazu führen, dass es zu Angebotslücken auf dem US-Markt kommt. Dies hätte wiederum einen negativen Effekt auf die Wirtschaftsentwicklung in den USA.

Quelle: https://www.miningscout.de/blog/2017/04/20/us-wirtschaftsfoerderung-a-la-trump-geringer-einfluss-auf-us-stahl/

Gewichtung der Teilaufgaben: 15 % : 20 % : 15 % : 15 % : 15 % : 20 %

Lösungsvorschläge

1. *Die Kombination der Operatoren „erläutern" und „begründen" erfordert eine umfassende Darstellung, die allerdings allgemein gehalten sein soll. Erst im zweiten Teil der Frage muss explizit auf Deutschland Bezug genommen werden.*

Definition: außenwirtschaftliches Gleichgewicht

Das **außenwirtschaftliche Gleichgewicht** ist als wirtschaftspolitisches Ziel im Stabilitätsgesetz fixiert. Für das außenwirtschaftliche Gleichgewicht findet man zwei Definitionen, die sich auf die Zahlungsbilanz beziehen:

a) Der **Außenbeitrag**, also der Saldo aus der Handels- und Dienstleistungsbilanz, deckt den Saldo aus der Bilanz der laufenden Übertragungen.

b) Die **Leistungsbilanz** ist ausgeglichen, d. h., der Saldo der Leistungsbilanz ist Null.

Begründung des Ziels

Außenwirtschaftliches Gleichgewicht ist aus folgenden **Gründen** erstrebenswert: Steht ein Land in Wirtschaftsbeziehungen mit dem Ausland, sollen einerseits daraus keine negativen Wirkungen auf die **binnenwirtschaftliche Entwicklung** (z. B. Inflation, Arbeitslosigkeit, Konjunktur) des Landes ausgehen. Andererseits sollen inländische Fehlentwicklungen in diesen Bereichen nicht zulasten des Auslands gelöst werden. Eine Politik, die heimische Probleme auf Kosten des Nachbarn löst, wird auch als *beggar-thy-neighbour-policy* bezeichnet und zerstört die Grundlage der wechselseitigen Wirtschaftsbeziehungen.

Defizitländer

Auf die Zahlungsbilanz bezogen ergeben sich folgende Zusammenhänge: Importiert ein Land dauerhaft mehr Güter, als es exportiert (**Handelsbilanzdefizit**), hat dies mehrere Nachteile. Zum einen fehlen irgendwann die finanziellen Mittel für die Importe, sodass sich das Land im Ausland verschulden muss. Im Extremfall könnte dies zur Zahlungsunfähigkeit führen. Zum anderen fehlen durch die übermäßigen Importe ggf. positive Impulse für Wachstum und Beschäftigung im Inland. Ein **Handelsbilanzdefizit** bedeutet also, dass das Defizitland bezogen auf den Warenverkehr sozusagen auf Kredit der Nachbarn über seine Verhältnisse lebt.

Überschussländer

Exportiert umgekehrt ein Land dauerhaft mehr, als es importiert, verdient es Geld auf Kosten seiner Handelspartner und hat einen entsprechend **überschüssigen Devisenzufluss**. Auch dieser kann sich negativ auswirken, da ein Überschuss in der Devisenbilanz die inländische Geldmenge erhöht und so das Preisniveau negativ beeinflusst (**importierte Inflation**). Verdient man außerdem dauerhaft auf Kosten seiner Nachbarn, werden die Defizitländer irgendwann nicht mehr in der Lage sein, die Exportgüter der Überschussländer abzunehmen. Des Weiteren drohen **protektionistische Maßnahmen** vonseiten der Defizitländer.

Begründung des positiven Außenbeitrags

Deutschland strebt einen leicht **positiven Außenbeitrag** an, da es bei den laufenden Übertragungen i. d. R. in der Nettozahlerposition ist, d. h., der Saldo der Bilanz der laufenden Übertragungen (z. B. Zahlungen in der EU, für Entwicklungshilfe, an die UN) ist negativ. Will man die Definition a) für außenwirtschaftliches Gleichgewicht erfüllen, ist in dieser Situation ein Überschuss aus den anderen Teilbilanzen der Leistungsbilanz erforderlich, also z. B. aus der zusammengefassten Handels- und Dienstleistungsbilanz (Außenbeitrag).

2. *„Beschreiben“ bedeutet hier eine gründliche verbale Wiedergabe der beiden Kurven, auch im Zusammenhang zueinander. Anschließend sollen Gründe für die beschriebenen Verläufe und Zusammenhänge angegeben werden.*

Erklärung Handelsbilanz

In der **Handelsbilanz** werden die Warenexporte den -importen wertmäßig gegenübergestellt. Der Handelsbilanzsaldo zeigt also einen Exportüberschuss (positiver Saldo, Handelsbilanzüberschuss) oder Importüberschuss (negativer Saldo, Handelsbilanzdefizit) an.

Der deutsche **Handelsbilanzsaldo** ist im dargestellten Zeitraum stets positiv (M 1). Das bedeutet, dass grundsätzlich wertmäßig mehr Waren ins Ausland exportiert als aus dem Ausland importiert wurden. Dies beruht darauf, dass Deutschland ein Veredelungsland ist, d. h., Rohstoffe und Vorprodukte werden importiert, weiterverarbeitet und als hochwertige Produkte exportiert. Daraus ergibt sich der Status Deutschlands als **Exportnation**.

Deutscher Handelsbilanzsaldo

Bis auf die Jahre 2003, 2008/09 und 2017 stieg der Handelsbilanzüberschuss noch regelmäßig an. Auch wenn auf den starken Anstieg von 2000 bis 2002 eine flachere Entwicklung folgte, ist nach dem Einbruch von 2008/09 wieder eine zunehmende Aufwärtsdynamik zu erkennen. Der Rückgang 2017 ist lediglich gering.

Entwicklung des Handelsbilanzsaldos

Der starke Anstieg nach der Jahrtausendwende kann z. B. auf eine generell positive weltwirtschaftliche Entwicklung, aber auch auf die Euro-Einführung zurückzuführen sein, da der Euro-Wechselkurs anfangs recht niedrig war und innerhalb des Euro-Raums nun für den grenzüberschreitenden Handel keine Währungsrisiken mehr bestanden. Beides kann die deutschen Exporte in Länder des Euro-Raums deutlich erhöht haben. Der große Einbruch 2008/09 beruhte auf der globalen Krise im Gefolge der Finanzkrise.

Ursachen

Die **Leistungsbilanz** fasst die Handelsbilanz, die Dienstleistungsbilanz, die Bilanz der Erwerbs- und Vermögenseinkommen sowie die Bilanz der laufenden Übertragungen zusammen.

Erklärung Leistungsbilanz

Mit Ausnahme der Jahre 2000 und ganz knapp 2001 weist auch die deutsche Leistungsbilanz in M 1 stets einen Überschuss aus, wobei die Schwankungen denen der Handelsbilanz ähneln (z. B. leichter Rückgang 2003; deutlicher Rückgang 2008/09). Allerdings fallen die Anstiege des Saldos deutlich stärker aus als in der Handelsbilanz, sodass sich der Leistungsbilanzsaldo immer mehr dem Handelsbilanzsaldo annähert, 2009 nahezu deckungsgleich ist und ihn danach fast ausnahmslos übersteigt.

Entwicklung Leistungsbilanzsaldo

Aus der **Ähnlichkeit der Schwankungen** kann man schließen, dass die Zunahme des Leistungsbilanzsaldos stark auf der Zunahme des Handelsbilanzsaldos beruht. Die Tatsache, dass der Handelsbilanzsaldo bis 2009 stets über dem der Leistungsbilanz liegt, bedeutet, dass bei den anderen Teilbilanzen negative Salden vorliegen müssen. Während aber 2000/01 der negative Saldo einer oder mehrerer der oben genannten Teilbilanzen den Handelsbilanzüberschuss noch übertroffen hat, ist dies in den Folgejahren nicht mehr der Fall. Dass auch die Differenz der

Zusammenhang und Entwicklung von Handels- und Leistungsbilanzsaldo beiden Salden immer geringer wird, bedeutet, dass die Defizite aus den anderen Teilbilanzen immer kleiner werden.

Ursachen hierfür können sein, dass Deutschland weniger ausländische **Dienstleistungen** (z. B. Reisen ins Ausland) in Anspruch nimmt oder dass die **laufenden Übertragungen** ins Ausland (z. B. Nettozahlungen an die EU oder Rentenzahlungen an ehemalige Gastarbeiter) sinken. Bei den **Erwerbs- und Vermögenseinkommen** verringert sich das Defizit, wenn z. B. mehr Kapitalerträge aus dem Ausland nach Deutschland fließen. Ursachen

Seit 2010 schließlich reichen die Defizite i. d. R. nicht mehr aus, um den Handelsbilanzüberschuss zu „neutralisieren", sodass seitdem der Leistungsbilanzüberschuss fast immer über dem Überschuss der Handelsbilanz liegt. Entwicklung

3. *Der Operator „zeigen" erfordert eine knappe, aber schlüssige Darstellung.*

Die Forderung der Ökonomin, dass „[d]ie Lohnzurückhaltung in Deutschland [...] aufhören" (M 2, Z. 7) sollte, zielt darauf ab, den **Handelsbilanzüberschuss** der BRD zu **reduzieren**. Da dieser die Leistungsbilanz wesentlich beeinflusst (siehe Antwort zu Aufgabe 2), würde damit auch der Leistungsbilanzüberschuss abgebaut. Deutschland und seine Handelspartner würden sich dadurch aus der z. T. extremen Überschuss-Defizit-Land-Situation (siehe Antwort zu Aufgabe 1) tendenziell in Richtung eines **außenwirtschaftlichen Gleichgewichts** bewegen. Ziel: Überschuss reduzieren, Gleichgewicht anstreben

M 1 zeigt deutlich, dass Deutschland eine *beggar-thy-neighbour*-Situation vorgehalten werden kann, in der die BRD sich auf Kosten der Nachbarländer bereichert.

Eine Erhöhung der Löhne würde *ceteris paribus* die **Lohnstückkosten** und damit voraussichtlich das Preisniveau deutscher Güter erhöhen, sodass sich die preisliche Wettbewerbsfähigkeit Deutschlands gegenüber anderen Ländern verschlechtern würde. Reduzierte preisliche Wettbewerbsfähigkeit

Dies würde einerseits dazu führen, dass **weniger deutsche Produkte exportiert** werden und sich damit Handels- und Leistungsbilanzüberschuss reduzieren. Weniger Export

Andererseits führen höhere Löhne zu einem höheren verfügbaren Einkommen der privaten Haushalte. Sofern die Haushalte das zusätzliche Einkommen nicht für deutsche, sondern für ausländische Güter und Dienstleistungen verwenden, wird dadurch der **Import nach Deutschland erhöht** und der Leistungsbilanzüberschuss ebenfalls reduziert. Mehr Import

Beide Effekte bauen das außenwirtschaftliche Ungleichgewicht zwischen Deutschland und seinen europäischen Handelspartnern tendenziell ab. Ungleichgewicht abbauen

4. *Der Operator „beurteilen" erfordert eine begründete Einschätzung und Wertung. Ein Fazit wird erwartet.*

Die Daten aus M 3 und M 4 untermauern nur z. T. die Forderung der Ökonomin: Deutschlands **Leistungsbilanzsaldo** liegt zwar seit ca. 2002 permanent über dem anderer EU-Staaten (M 3, obere Grafik; Ausnahme: Irland). Während aber mit Ausnahme von Frankreich alle anderen dargestellten Länder von ca. 2008 bis ca. 2012 steigende Salden haben, stagniert der Saldo Deutschlands im gleichen Zeitraum und geht insgesamt sogar zurück (M 3, obere Grafik). Erst danach kehrt sich dieser Trend wieder um. Allerdings nur bis 2015, seitdem sinkt er wieder.

Entwicklung des Leistungsbilanzsaldos

Absolut begründet erscheint die Behauptung, dass in Deutschland Lohnzurückhaltung die Ursache für den Leistungsbilanzüberschuss sei (vgl. M 2, Z. 7: „Lohnzurückhaltung [...] sollte aufhören"), wenn man sich die Daten in M 3 (untere Grafik) ansieht: Die **Lohnstückkosten** in Deutschland sind seit 1999 nicht nur tendenziell deutlich gesunken, sondern liegen nahezu permanent deutlich unter denen der anderen dargestellten Länder. Zwar ist der relative Rückgang in einigen anderen Ländern stärker als in Deutschland, aber insgesamt liegen die Lohnstückkosten in den meisten anderen EU-Staaten noch auf deutlich höherem Niveau. Da die Lohnstückkosten einen starken Einfluss auf die **preisliche Wettbewerbsfähigkeit** haben, erscheint die Forderung berechtigt. Allerdings könnte anstelle von Lohnzurückhaltung auch ein überproportionaler Anstieg der Produktivität die Ursache für den Rückgang sein.

Entwicklung der Lohnstückkosten

Laut M 4 stammt der deutsche **Leistungsbilanzüberschuss** zum Großteil **aus Nicht-EWU-Staaten**. Bei Ausblendung dieser Länder zeigt sich, dass der Überschuss Deutschlands gegenüber den EWU-Staaten tendenziell zurückgegangen ist. Der Vorwurf, Deutschland würde sich immer stärker zulasten seiner EWU-Partner bereichern, ist damit bisher nicht haltbar. Allerdings besteht auch ihnen gegenüber nach wie vor ein Überschuss (seit 2014 wieder leicht steigend), der durch Aufgabe der Lohnzurückhaltung reduziert werden könnte.

Quelle des Leistungsbilanzüberschusses

Fazit: Auch wenn Deutschland einen massiven Leistungsbilanzüberschuss hat, entsteht dieser nur zum Teil gegenüber anderen EWU-Staaten und kann nicht zwingend auf die Lohnzurückhaltung zurückgeführt werden. Die Forderung aus M 2 ist daher nur teilweise berechtigt.

Fazit

5. *Bei einer Erklärung müssen alle wichtigen Sachverhalte und Zusammenhänge dargestellt werden. Um andere Beispiele geben zu können, muss zunächst die in M 5 beschriebene Maßnahme herausgearbeitet werden.*

Erklärung „Protektionismus“

Das Wort „Protektionismus“ kommt vom lateinischen protectio für „Schutz“. Protektionistische Maßnahmen sind v. a. **tarifäre oder nicht-tarifäre Handelshemmnisse**, die den Import ausländischer Güter erschweren bzw. deren Preise erhöhen, um der heimischen Wirtschaft einen **Wettbewerbsvorteil** gegenüber ausländischen Anbietern zu verschaffen und um so die Nachfrage nach inländischen Gütern zu steigern.

Ziele protektionistischer Maßnahmen

Mögliche Ziele sind entweder die Förderung bestimmter inländischer Branchen und Produkte oder das Ankurbeln der Konjunktur generell und zwar zugunsten der eigenen Volkswirtschaft.

Neben den in den USA vorgesehenen protektionistischen Beschränkungen durch die bevorzugte Vergabe von Regierungsaufträgen an inländische Unternehmen im Rahmen des **„Buy American-Dekrets“** (vgl. M 5, Z. 4 ff.) gibt es auch andere abschottende Maßnahmen.

Tarifäre Maßnahmen: Schutzzölle

Im Bereich der **tarifären Handelshemmnisse** können beispielsweise **Schutzzölle** auf ausländische Produkte oder Dienstleistungen erhoben werden. Dadurch verteuern sich die Importgüter um den entsprechenden Betrag, sodass sie preislich weniger wettbewerbsfähig sind. Ähnlich wirken **Subventionen** für inländische Güter, da im Gegenwert dieser Subventionen der Preis für die einheimischen Produkte gesenkt werden kann, sodass diese preislich attraktiver sind.

Subventionen

Nicht-tarifäre Maßnahmen:

Im **nicht-tarifären Bereich** sind z. B. Einfuhrkontingente, Auflagen und Standards sowie bürokratische und organisatorische Hindernisse möglich. Bei **Einfuhrkontingenten oder Importquoten** wird die Einfuhr der betroffenen Güter mengenmäßig beschränkt, sodass weniger Angebot auf den Markt kommt, *ceteris paribus* die Preise insgesamt steigen und dies auch den einheimischen Anbietern zugutekommt. Auch nationale **Auflagen und Standards**, sogenannte Konformitätsanforderungen, wie z. B. technische, soziale oder ökologische Normen, können als protektionistische Maßnahmen eingestuft werden, da sie den Freihandel behindern. Schließlich kann durch **bürokratische und organisatorische Hindernisse** wie aufwändige Zollformalitäten oder langwierige Abwicklungsverfahren der Import verzögert werden, was *de facto* einen Kostennachteil bedeutet, da sich die Fracht- und Lagerkosten erhöhen.

Kontingente, Quoten

Auflagen, Standards

Bürokratische, organisatorische Hürden

6. *Der Operator „diskutieren" erfordert eine Gegenüberstellung von Pro- und Kontra-Aspekten, die mit einem Fazit abgeschlossen wird. Mindestens je zwei Argumente, z. B. aus der Auswahl unten, werden erwartet. Auf M 5 muss explizit Bezug genommen werden.*

Pro: Protektionistische Maßnahmen, die den **Import ausländischer Güter** verringern, führen dazu, dass ein größerer Teil der Binnennachfrage von inländischen Anbietern abgedeckt wird, sodass inländische Unternehmen mehr Umsatz und Gewinn als ohne Schutzmaßnahme erzielen können und das Volkseinkommen für die inländische Bevölkerung entsprechend steigt. Dies kann positive Multiplikatoreffekte auslösen. Das Buy American-Dekret verfolgt genau diesen Zweck (vgl. M 5, Z. 4 ff.).

Erstes Pro-Argument

Eine staatlich verursachte Erhöhung der **Preise für Importgüter** durch protektionistische Maßnahmen wie z. B. monetäre „Strafen" (vgl. M 5, Z. 8) kann den gleichen Effekt haben, eröffnet gleichzeitig aber auch den inländischen Anbietern Spielraum für Preiserhöhungen. Können sie diese am Markt durchsetzen, steigen Umsatz und Gewinn für inländische Unternehmen, die ggf. zu höheren Investitionen mit positiven Folgewirkungen führen können.

Zweites Pro-Argument

Ausschlussklauseln für ausländische Güter und Dienstleistungen können bewirken, dass staatliche Fördermittel tatsächlich heimischen Unternehmen und damit der inländischen Wirtschaft zugutekommen.

Alternatives Pro-Argument

Die **Einnahmen aus tarifären Handelshemmnissen** wie z. B. „Strafen" (vgl. M 5, Z. 8) führen zu Staatseinnahmen, die wiederum für konjunkturpolitische Maßnahmen eingesetzt werden können, um die Binnenkonjunktur zu beleben (vgl. M 5, Z. 1 ff.).

Alternatives Pro-Argument

Kontra: Angesichts der hohen und steigenden **internationalen Verflechtung** führender Industrienationen beruht ein hoher Anteil der Wirtschaftsleistung dieser Länder auf Importen und Exporten. Verteuern sich unvermeidbare Importe (z. B. bei bestimmten Metallprodukten, die in den USA nicht hergestellt werden; M 5, letzter Absatz) bzw. steigen die Preise auf dem Binnenmarkt aufgrund der protektionistischen Maßnahmen, kann dies als Kostenfaktor die Rentabilität heimischer Unternehmen beeinträchtigen, die auf diese Güter angewiesen sind. Der Effekt wäre also kontraproduktiv.

Erstes Kontra-Argument

Preissteigerungen aufgrund protektionistischer Maßnahmen reduzieren auch die Kaufkraft inländischer Privathaushalte. Selbst Volkseinkommenssteigerungen durch den Protektionismus entstehen nur nominal, wenn real der Zuwachs durch die erhöhten Preise abgeschöpft wird. Dies kann das Konsumklima und die

Zweites Kontra-Argument

gesamtwirtschaftliche Nachfrage insgesamt negativ beeinflussen und sich so dämpfend auf die Binnenkonjunktur auswirken.

Angebotslücken durch erschwerten Import von Halbfertigwaren (vgl. M 5, letzter Absatz), beeinträchtigen die Produktionsmöglichkeiten und damit die Wirtschaftsentwicklung im eigenen Land und verhindern so **internationale Wohlfahrtsgewinne** durch internationale Arbeitsteilung.

Alternatives Kontra-Argument

Protektionistische Maßnahmen eines Landes werden in der Regel entsprechende **Gegenmaßnahmen** provozieren. Bei einem hohen Offenheitsgrad eines Landes und entsprechender wirtschaftlicher Verflechtung im Bereich Importe und Exporte kann dies die Funktionsfähigkeit ganzer Branchen beeinträchtigen, sodass die Wirtschaftsentwicklung insgesamt behindert wird.

Alternatives Kontra-Argument

Der Anreiz, dauerhaft wettbewerbsfähig zu bleiben, sinkt für geschützte Unternehmen, sodass auf internationalen Märkten die **Wettbewerbsfähigkeit** nachlässt. Notwendiger Strukturwandel unterbleibt. Dies kann sich negativ auf das Exportgeschäft auswirken und über diesen wichtigen Faktor die volkswirtschaftliche Aktivität beeinträchtigen. Dies gilt insbesondere für Länder mit einem hohen Exportanteil am BIP, wie z. B. Deutschland.

Alternatives Kontra-Argument

Im Extremfall können **Einfuhrkontingente** dazu führen, dass die Versorgung der Bevölkerung mit bestimmten Gütern nicht mehr gewährleistet ist, wenn die inländischen Anbieter den fehlenden Importanteil nicht ausgleichen können.

Alternatives Kontra-Argument

Fazit: Angesichts der großen wirtschaftlichen Verflechtung in einer globalisierten Welt haben protektionistische Maßnahmen so viele negative Nebenwirkungen, dass sie nicht als geeignete Maßnahmen zur Belebung der nationalen Wirtschaft eines Landes betrachtet werden können.

Fazit

Checkliste

Aspekt	Ja	Teilweise	Nein	Weiß nicht
TEILAUFGABE 1				
Habe ich das Ziel „außenwirtschaftliches Gleichgewicht“ korrekt definiert?	☐	☐	☐	☐
Habe ich die Gründe für das Ziel „außenwirtschaftliches Gleichgewicht“ korrekt dargestellt?	☐	☐	☐	☐
Habe ich den Grund für das Ziel des leicht positiven Außenbeitrags erläutert?	☐	☐	☐	☐

TEILAUFGABE 2				
Habe ich die Begriffe Handelsbilanz und Leistungsbilanz sowie deren Zusammenhang erklärt?	☐	☐	☐	☐
Habe ich den Verlauf der beiden Kurven beschrieben, indem ich auf Anfangs- und Endwert, Minima, Maxima und Trends eingegangen bin?	☐	☐	☐	☐
Habe ich die beiden Kurven in Beziehung zueinander gesetzt?	☐	☐	☐	☐
Habe ich Ursachen für die Entwicklung genannt?	☐	☐	☐	☐
TEILAUFGABE 3				
Habe ich erkannt, dass die Forderung auf den Abbau des Leistungsbilanzüberschusses und auf das außenwirtschaftliche Gleichgewicht abzielt?	☐	☐	☐	☐
Habe ich den Zusammenhang zwischen Aufgabe der Lohnzurückhaltung und Exportumfang dargestellt?	☐	☐	☐	☐
Habe ich den Zusammenhang zwischen Aufgabe der Lohnzurückhaltung und Importumfang dargestellt?	☐	☐	☐	☐
Habe ich den Effekt höherer Löhne auf das außenwirtschaftliche Gleichgewicht abschließend formuliert?	☐	☐	☐	☐
TEILAUFGABE 4				
Habe ich den Zusammenhang zwischen jeder der Grafiken aus M 3/M 4 und dem Leistungsbilanzüberschuss analysiert?	☐	☐	☐	☐
Habe ich den Zusammenhang kritisch anhand von Pro- und Kontra-Argumenten beurteilt?	☐	☐	☐	☐
Habe ich meine Antwort mit einem Fazit abgeschlossen?	☐	☐	☐	☐
TEILAUFGABE 5				
Habe ich den Begriff „Protektionismus" korrekt definiert und erklärt?	☐	☐	☐	☐
Habe ich die Ziele des Protektionismus genannt?	☐	☐	☐	☐
Habe ich Beispiele für tarifäre und für nicht-tarifäre Maßnahmen korrekt dargestellt?	☐	☐	☐	☐
TEILAUFGABE 6				
Habe ich sinnvolle Pro- und Kontra-Argumente verwendet?	☐	☐	☐	☐
Habe ich soweit möglich M 5 einbezogen?	☐	☐	☐	☐
Habe ich meine Antwort mit einem Fazit abgeschlossen?	☐	☐	☐	☐

Klausuren Wirtschaft und Recht
Recht 1: Rechtstechnische Grundlagen

Bearbeitungszeit: 70 Minuten

Thema: Rechtstechnische Grundlagen (Gliederung des BGB, Normenanalyse und Subsumtion), Kaufhandlung, Ungerechtfertigte Bereicherung

Aufgabenstellung

1. Fassen Sie Anton Mengers Kritik (M 1) zusammen und erläutern Sie die Gliederungs- und Formulierungsprinzipien des BGB, auf die sich diese Kritik bezieht. Belegen Sie mithilfe von Beispielen die von Menger geäußerte Kritik, aber auch die Vorteile dieser Prinzipien.
2. Stellen Sie die rechtliche Bedeutung der einzelnen Schritte im Rahmen des Internet-Verkaufs am 1. Februar (M 2) ab dem Zeitpunkt der fehlerhaften Eingabe in die Produktdatenbank der Internetseite dar und formulieren Sie deren rechtliche Konsequenzen.
3. Begründen Sie mithilfe einer Normenanalyse der §§ 119 I, 143 I und 142 I die Entscheidung des Landgerichts bzw. des Bundesgerichtshofs zur Anfechtung der Klägerin bezüglich des Notebook-Kaufvertrags (M 2).
4. Prüfen Sie im Gutachtenstil, wie die Klägerin nach der Ungültigkeit des Kaufvertrags wieder an ihr Notebook kommt. Zeigen Sie dabei auch die Relevanz des Abstraktionsprinzips.
5. Erläutern Sie ausführlich am Beispiel des Falles von B und K, welcher Rechtsfunktion der § 122 BGB dient.

M 1

Auf der Grundlage des römischen Rechts ist dann am Ende des 19. Jahrhunderts das Bürgerliche Gesetzbuch entstanden. Nach langen Vorarbeiten war sein Entwurf 1888 fertig und sollte vom Reichstag beraten werden. Es gab einen Sturm der Entrüstung, wegen seiner Unverständlichkeit. Einer der schärfsten Kritiker des BGB, der Wiener Professor Anton Menger, schrieb dazu in seinem Buch *Das Bürgerliche Recht und die besitzlosen Volksklassen,* 1890:

„Kein Teil der Gesetzgebung bedarf so sehr einer volkstümlichen, allgemein verständlichen Ausdrucksweise als das bürgerliche Recht; denn die übrigen Gesetze – die Verfassungs-, Verwaltungs-, Zivilprozess- und Strafgesetze – werden nur von bestimmten Volkskreisen oder in besonderen Fällen eingesetzt, dieses wird dagegen täglich und von allen Staatsbürgern angewendet. Nun besitzen wir aber eine juristische Literatur, in welcher die Differenzierung der Rechtsbegriffe und überhaupt die Zerfaserung des Rechtsstoffes so weit getrieben ist, dass man die deutsche Rechtswissenschaft treffend mit einem Messer verglichen hat, welches so dünn und scharf geschliffen ist, dass es nicht mehr schneidet. Die Verfasser des Entwurfes, welchen ohnedies kein besonderes Talent nachzurühmen ist, stehen ganz unter dem Einfluss dieser juristischen Lehre und haben demgemäß ein Werk geliefert, dessen unpopuläre Ausdrucksweise kaum überboten werden kann."

Quelle: Uwe Wesel, Fast alles, was Recht ist. Eichborn Verlag Frankfurt 2002, bearbeitet

M 2

Am 26. 01. 2005 erging ein Revisions-Urteil des Bundesgerichtshofs (BGH) zu folgendem Sachverhalt (Az: VIII ZR 79-04):

Tatbestand

Die Klägerin (K) veräußert Computer nebst Zubehör in ihrem Fachgeschäft und über eine Website im Internet. Im Januar 2003 legte sie für das Notebook Typ *Professional* der Firma SuperPC einen Verkaufspreis von 2 450 € fest und gab diesen in die Internet-Produktdatenbank ihres Online-Shops ein. Aufgrund eines Tippfehlers von K enthielt die Datenbank jedoch nicht den vorgesehenen Betrag von 2 450 €, wie er auch im Papierprospekt für das Fachgeschäft der K abgedruckt war, sondern einen Verkaufspreis von 245 €.

Der Beklagte (B) bestellte über das Online-Bestellsystem am 1. Februar 2003 ein Notebook des vorgenannten Typs zu dem auf der Internetseite der Klägerin angegebenen Verkaufspreis von 245 €, indem er es in den Warenkorb legte und den Bestellvorgang abschloss. Die Bestellung zu diesem Preis wurde kurz darauf mittels einer E-Mail aus dem Online-Shop-System bestätigt. Die automatisch verfasste E-Mail der Klägerin vom gleichen Tag (15.36 Uhr) enthielt neben den Auftragsdetails unter anderem folgenden Inhalt:

„Sehr geehrter Kunde,
vielen Dank für Ihre Bestellung. Ihr Auftrag wird jetzt unter der Kundennummer … von unserer Versandabteilung bearbeitet. Die Auftragsdetails finden Sie ganz unten in dieser Nachricht. Wir bedanken uns für den Auftrag …"

Das Notebook wurde mit Rechnung/Lieferschein der Klägerin vom 5. Februar 2003 zum Verkaufspreis von 245 € an den Beklagten ausgeliefert. Der Beklagte (B) schaffte an den darauffolgenden Tagen im Fachhandel vor Ort für das Notebook umfangreiches Zubehör im Wert von 200 € an.

Mit Schreiben vom 11. Februar 2003 erklärte die Klägerin die Anfechtung des Kaufvertrags mit der Begründung, das Notebook sei aufgrund eines Fehlers irrtümlich mit dem Preis von 245 € versehen worden. Die Klägerin begehrt die Herausgabe und Rückübereignung des Notebooks gegen Rückzahlung des Kaufpreises.

Der Fall ging durch alle Instanzen bis zum Bundesgerichtshof (BGH). Dieser gab letztendlich der Klägerin (K) Recht: Die Anfechtung war rechtswirksam, der Vertrag damit hinfällig.

Quelle: www.jurpc.de/rechtspr/20050026.htm, bearbeitet

Gewichtung der Teilaufgaben: 30 % : 15 % : 20 % : 20 % : 15 %

Lösungsvorschläge

Alle Paragrafenangaben beziehen sich – soweit nicht anders vermerkt – auf das BGB.

1. *Die Aufgabenstellung lässt sich in drei Teile gliedern. Es empfiehlt sich, auch die Antwort entsprechend zu gliedern. Die Antwort muss konkrete Beispiele enthalten.*
   - *Zusammenfassung der Kritik bezüglich Formulierung und Gliederung,*
   - *Erläuterung der jeweiligen Prinzipien des BGB,*
   - *Vorteile der Prinzipien.*

Zusammenfassung der Kritik

Menger kritisiert, dass das BGB für den juristisch nicht gebildeten „Normalbürger" kaum zu verstehen ist, obwohl gerade das Bürgerliche Recht praktisch jeden Staatsbürger in seinem täglichen Leben betrifft. Die Ursache liegt seiner Ansicht nach in der „unpopuläre[n] Ausdrucksweise" (M 1, Z. 17 f.) mit einem hohen Grad an Fachterminologie und darüber hinaus in der „Zerfaserung des Rechtsstoffes" (M 1, Z. 13) im Bürgerlichen Recht.

Erläuterung der kritisierten Prinzipien

Die Verständnishürden des BGB sind in erster Linie auf das **Reduktions-** und **Abstraktionsprinzip**, die grundlegenden Gestaltungsprinzipien des BGB, zurückzuführen.

Kritikpunkt 1

Die kritisierte „unpopuläre Ausdrucksweise" (Z. 17 f.) beruht v. a. darauf, dass durch eine möglichst allgemeine Formulierung der Rechtsnormen die unendliche Vielfalt an Tatbeständen des täglichen Lebens auf eine überschaubare Zahl von Rechtsnormen reduziert werden soll (**Reduktionsprinzip**). Das Ergebnis ist ein hoher inhaltlicher und sprachlicher Abstraktionsgrad einzelner Rechtsnormen, die nur noch mithilfe geeigneter juristischer Auslegung angewandt werden können. Zum Beispiel §242: Was unter „Treu und Glauben" im Einzelfall zu verstehen ist, kann der Laie nicht eindeutig klären.

Beispiel

Kritikpunkt 2

Zum Kritikpunkt der „Zerfaserung des Rechtsstoffes" (Z. 13) könnte das **Prinzip des „Vor-die-Klammer-Ziehens**" allgemeingültiger Rechtsnormen im Allgemeinen Teil des BGB genannt werden. Dies führt dazu, dass die Regelungen für einen einzigen Fall an mehreren Stellen im BGB zu suchen sind. Es sind entsprechende rechtstechnische Grundkenntnisse erforderlich, um das BGB selbstständig zu nutzen.

Einen ähnlichen Effekt hat das **Abstraktionsprinzip**, das dazu führt, dass in der Realität meist zusammenhängende Handlungen des täglichen Lebens juristisch in einzelne Rechtsgeschäfte zerlegt werden, die ein rechtliches Eigenleben führen (**Trennungsprinzip**).

Beispiel

Zum Beispiel wird der Kauf einer Flasche Milch in ein Verpflichtungsgeschäft und zwei Erfüllungsgeschäfte zerlegt, deren Regelungen an unterschiedlichen Stellen im BGB zu finden sind (Allgemeiner Teil, Schuldrecht und Sachenrecht). Sowohl die

Trennung an sich geschlossener Tatbestände als auch das Auffinden der entsprechenden Stellen im Gesetz können vom Laien kaum geleistet werden.

Vorteile der Gliederungs- und Formulierungsprinzipien; Beispiele

Das **Reduktionsprinzip** ermöglicht die Begrenzung des Gesetzestextes auf einen überschaubaren Umfang. Wollte man jeden Einzelfall des täglichen Lebens getrennt erfassen, ergäbe dies kein Buch, sondern einen Rechtsnormenkatalog, der z. B. den umfangreichen Rechtsbibliotheken des angelsächsischen *Case Law* entspräche. Die Gleichbehandlung ähnlich gelagerter Fälle entspricht außerdem dem **Gleichheitsgedanken** des Gerechtigkeitsbegriffs. Die allgemeine Formulierung von Rechtsnormen führt auch dazu, dass seltener Gesetzesänderungen notwendig werden, und dient daher der **Rechtssicherheit**. So sind beispielsweise die Formulierungen zu Antrag und Annahme (§§ 145, 147) seit Inkrafttreten des BGB am 1. 1. 1900 unverändert gültig und auf alle Verträge anwendbar.

Das **Abstraktionsprinzip** ermöglicht eine klare **Gliederung des BGB** und erhöht so die Übersichtlichkeit des Gesetzestextes (vgl. die fünf Bücher des BGB). Bei entsprechender Vertrautheit mit der **Systematik des BGB** lassen sich relevante Rechtsnormen leichter finden, da sie unabhängig vom konkreten Einzelfall in Sachgruppen angeordnet sind. So ist z. B. die Übereignung immer in den §§ 929 ff. zu finden, egal ob ein Kauf, eine Schenkung oder ein Darlehen zugrunde liegt.

2. *Die rechtliche Bedeutung und Wirkung der einzelnen Schritte des Online-Verkaufs sollen beschrieben werden.*

Invitatio ad offerendum

- Das Angebot auf der Webseite der Verkäuferin ist eine ***invitatio ad offerendum***, kein Antrag, da es an die Öffentlichkeit und nicht an eine bestimmte Person gerichtet ist. Das bedeutet, dass das Angebot mit dem fehlerhaften Preis nicht bindend ist.

Antrag

- Die Online-Bestellung des Kunden ist der **Antrag** zum Kauf des Notebooks für 245 € (§ 145). Er ist bindend bis zur rechtzeitigen Annahme oder der Ablehnung (§§ 145, 146, 147).

Annahme

- Die automatische E-Mail, in der der Auftrag mit den relevanten Daten bestätigt wird, ist die **Annahme** (§ 147) des Antrags. Mit der automatischen E-Mail kommt der Kaufvertrag über das Notebook zum Preis von 245 € rechtswirksam zustande.

3. *Mithilfe der rechtstechnischen Kenntnisse und der Informationen aus M 2 sollen die unbekannten Paragrafen analysiert und auf den Sachverhalt in M 2 angewandt werden. Dies geschieht mittels Normenanalyse und Subsumtion.*

Fehlender Erklärungswille (§ 119 I): Die Klägerin (K) wollte weder beim Einstellen der Daten in die Datenbank noch bei der Annahme des Kaufantrags eine **Erklärung** mit dem Preis von 245 € abgeben (§ 119 I). Beim Einstellen hat sie sich vertippt; die Annahme per E-Mail erfolgte automatisch durch die Online-Shop-Software.

Bezug zu § 119 I Erstes Tatbestandsmerkmal

Bei **Kenntnis der Sachlage und bei Würdigung des Falles** hätte die Klägerin die Willenserklärung für einen Verkauf zu dem niedrigen Preis nicht abgegeben, da sie ja einen deutlich höheren Preis festgelegt hatte. Das belegt auch der korrekte Kaufpreis von 2 450 € im Papierprospekt.

Zweites Tatbestandsmerkmal

Zwischenergebnis: Aufgrund des §§ 119 I kann die Klägerin die Willenserklärung für den Kaufvertrag über das Notebook anfechten.

Rechtsfolge aus § 119 I

Mit dem Schreiben an B vom 11. Februar erklärt die Klägerin die **Anfechtung** des Kaufvertrags (§ 143 I).

Bezug zu § 143 I

Ergebnis: Gemäß § 142 I ist der Kaufvertrag als **von Anfang an nichtig** anzusehen (vgl. BGH-Urteil).

Rechtsfolge aus § 142 I

4. *Prüfen im Gutachtenstil erfordert eine vollständige juristische Prüfung (Formulieren der Anspruchsgrundlage, Subsumtion der erforderlichen Rechtsnorm/en, Formulierung der Rechtsfolge/n). Dabei soll konkret am Fallbeispiel auch das bereits in Aufgabe 1 erklärte Abstraktionsprinzip in der Lösung berücksichtigt werden.*

Anwendung des Abstraktionsprinzips: Wie in der Lösung zu Aufgabe 1 beschrieben, führen sowohl der Kaufvertrag über das Notebook (Verpflichtungsgeschäft) als auch die Übereignung des Notebooks (Erfüllungsgeschäft) ein **rechtliches Eigenleben**. Das bedeutet auch, dass die Übereignung des Notebooks ungeachtet der Unwirksamkeit des Kaufvertrags grundsätzlich rechtswirksam ist. K hat also das Eigentum an dem Notebook verloren und daran ändert auch die Unwirksamkeit des Kaufvertrags nichts. Sie kann es daher nicht über § 985 herausfordern, sondern es muss eine Rückübereignung über § 812 I erfolgen.

Bezug zum Abstraktionsprinzip

Prüfung zur Rückforderung des Notebooks:

K könnte gegen B einen Anspruch auf Herausgabe wegen **ungerechtfertigter Bereicherung** unter den Voraussetzungen des § 812 I haben:

Anspruchsgrundlage

- B ist bereichert, da er das Eigentum an dem Notebook erlangt (§ 812 I).
- Die Bereicherung erfolgt durch die Leistung bzw. auf Kosten der K, da diese im Rahmen der Kaufhandlung dem B das Notebook aus ihrem Warenbestand liefert und übereignet (§ 812 I).
- Der Rechtsgrund für die Übereignung fällt im Nachhinein weg, da der Kaufvertrag durch die Anfechtung nichtig wird (§ 812 I Satz 2); vgl. Lösung zu Aufgabe 3.

Prüfung der Tatbestandsmerkmale

Ergebnis: K kann das Notebook zurückfordern, da B gemäß § 812 I zur Herausgabe verpflichtet ist.

Ergebnis

5. *Am Beispiel des Falles von K und B soll die Ausgleichsfunktion des § 122 BGB erläutert werden. Dazu ist eine Normenanalyse des § 122 erforderlich.*

Der § 122 I besagt u. a., dass bei der Nichtigkeit eines Vertrags durch Anfechtung, wie im Falle des Kaufvertrags zwischen B und K über das Notebook, der Anfechtende dem anderen ggf. **Schadensersatz** leisten muss und zwar in der Höhe des Betrages, den der andere im **Vertrauen auf die Gültigkeit des Geschäfts** als Schaden erlitten hat.

Erläuterung zu § 122 I

Da B das Zubehör im Vertrauen darauf angeschafft hat, dass das Notebook sein Eigentum ist und er es behalten wird, muss K ihm die Kosten für die Teile ersetzen, die er nicht auch anderweitig verwenden kann. Diese Regelung dient der **Ausgleichsfunktion** des Rechts, durch die in Konfliktsituationen ein möglichst gerechter Ausgleich zwischen den konkurrierenden Interessen der Beteiligten geschaffen werden soll. In diesem Fall kann K zwar ihr Notebook zurückfordern und verliert damit nicht die volle Kaufpreisdifferenz zwischen den gewollten 2 450 € und den erhaltenen 245 €. Im Gegenzug muss sie dem B aber seinen „**Vertrauensschaden**“ ersetzen, der z. B. das Zubehör umfasst, das er nicht weiterbenutzen oder ggf. zurückgeben kann.

Fallbezug

Rechtsfunktion der Regelung allgemein

Fallbezug

Hätte B allerdings gewusst oder wäre ihm fahrlässig unbekannt geblieben, dass der Preis fehlerhaft war, dann hätte er auch keinen Anspruch auf Schadensersatz (§ 122 II). Ein vergleichsweise extrem niedriger Verkaufspreis für ein fabrikneues Laptop wie im vorliegenden Fall könnte ggf. eine derartige **Fahrlässigkeit** andeuten.

Einschränkung aus § 122 II

Checkliste

Aspekt	Ja	Teil-weise	Nein	Weiß nicht
Teilaufgabe 1				
Habe ich die Kritikpunkte aus dem Text vollständig und korrekt herausgearbeitet?	☐	☐	☐	☐
Habe ich die kritisierten Gliederungs- und Formulierungsprinzipien erläutert?	☐	☐	☐	☐
Habe ich die Vorteile der Prinzipien dargestellt und Beispiele dazu gegeben?	☐	☐	☐	☐
Teilaufgabe 2				
Habe ich alle rechtlich relevanten Schritte der Kaufhandlung herausgearbeitet und korrekt benannt?	☐	☐	☐	☐
Habe ich die jeweilige Rechtsfolge der einzelnen Schritte formuliert?	☐	☐	☐	☐
Teilaufgabe 3				
Habe ich eine vollständige Normenanalyse und Subsumtion des § 119 I durchgeführt und das Zwischenergebnis festgehalten?	☐	☐	☐	☐
Habe ich §§ 143 I und 142 I korrekt subsumiert und das Ergebnis festgehalten?	☐	☐	☐	☐
Teilaufgabe 4				
Habe ich den Bezug zum Abstraktionsprinzip hergestellt (am Anfang oder am Ende der Antwort)?	☐	☐	☐	☐
Habe ich erkannt, dass es sich um eine ungerechtfertigte Bereicherung handelt?	☐	☐	☐	☐
Habe ich die Anspruchsgrundlage formuliert?	☐	☐	☐	☐
Habe ich erkannt, dass Satz zwei des § 812 I anzuwenden ist, und alle Tatbestandsmerkmale subsumiert?	☐	☐	☐	☐
Habe ich das juristische Ergebnis formuliert?	☐	☐	☐	☐
Teilaufgabe 5				
Habe ich beide Absätze des § 122 korrekt analysiert?	☐	☐	☐	☐
Habe ich die Rechtsfunktion korrekt erkannt?	☐	☐	☐	☐
Habe ich den Fallbezug konsequent hergestellt?	☐	☐	☐	☐

Klausuren Wirtschaft und Recht
Recht 2: Das Delikt im Privatrecht und im Strafrecht

Bearbeitungszeit: 70 Minuten

Thema: Das Delikt im Privatrecht und im Strafrecht: Unerlaubte Handlung, Verfügung eines Nichtberechtigten, Straftat

Aufgabenstellung

1. Grenzen Sie mithilfe eines selbst gewählten Beispiels Öffentliches Recht und Privatrecht allgemein voneinander ab.
2. Besonders günstige Angebote muss man grundsätzlich auch besonders genau prüfen. Erläutern Sie ausführlich unter Angabe der relevanten Paragrafen und mithilfe eines selbst formulierten Beispiels die rechtlichen Regelungen, auf die sich M 1 bezieht. Stellen Sie anschließend den Zusammenhang zu M 1 her.
3. Schäden am öffentlichen Eigentum durch Graffiti-Sprayer belaufen sich jährlich auf mehrstellige Millionensummen. Stellen Sie Querverbindungen zwischen dem Hinweisschild in M 3 und dem Text M 2 her. Ordnen Sie Ihre Aussagen dabei auch den Rechtsbereichen aus Aufgabe 1 zu.
4. Beschreiben Sie, unter welchen Voraussetzungen Graffiti-Sprayer mit den in M 2 genannten strafrechtlichen Konsequenzen rechnen müssen und welchem Zweck diese Konsequenzen dienen sollen.
5. Prüfen Sie, inwieweit sich aus den auf dem Hinweisschild in M 3 genannten Rechtsnormen zivilrechtliche Ansprüche gegen B ableiten lassen.

M 1

Quelle: Helgard van Hüllen, Rechtskunde. Eine praktische Einführung, Bildungsverlag Eins Troisdorf [4]2004, S. 102

M 2: Schäden durch Graffiti-Sprayer – Ertappte Sprayer zahlen jahrzehntelang

Kunst und Mutprobe aus Sicht der Sprayer, Sachbeschädigung im Sinne des Gesetzes: Illegale Graffiti verursachen nach Polizeiangaben Millionenschäden. Jährlich werden mehrere tausend Graffiti-Straftaten registriert, teilt die Bundespolizei gestern mit. Die Graffiti-Sprayer seien „eine sich immer mehr ausbreitende Bewegung“ unter Jugendlichen. Die illegalen Sprayer wollten in ihrer Gruppe anerkannt werden. „Das Risiko, bei einer Sprayaktion von der Polizei gefasst zu werden, verleiht vielen einen gewissen Kick, sie werden regelrecht süchtig danach“, erklärte das LKA. Sprayer, die auf frischer Tat ertappt werden oder sich durch ihre Kürzel verraten, müssen mit Strafverfahren und hohen Schadensersatzklagen rechnen. Neben Geldstrafen drohen im Extremfall sogar bis zu zwei Jahre Gefängnis. Ertappte Täter müssten außerdem bis zu 30 Jahre lang zahlen, warnte die Polizei. So lange laufen die zivilrechtlichen Ansprüche von Geschädigten.

Quelle: Frankfurter Allgemeine Zeitung vom 06. 05. 2008; www.berlinoline.de/berliner-zeitung/archiv/.bin/dump.fcgi/2006/0209/none/ 0185/index.html (bearbeitet)

M 3

Student Beier (B) hat Streit mit seiner Freundin Frauke (F). Um F wieder für sich zu gewinnen, sprüht B auf die Glaswand der Bushaltestelle, von der aus F täglich zur Arbeit fährt: „Frauke, ich liebe dich.“

Da sich der Missbrauch von Werbeflächen in letzter Zeit gehäuft hat, haben die Stadtwerke (S) an allen öffentlichen Bushaltestellen folgenden Hinweis angebracht:

> **Achtung! Plakatieren verboten!**
> Jede unautorisierte Nutzung ist rechtswidrig, verpflichtet zur Zahlung eines Werbenutzungsentgelts gem. § 812 BGB, zur Zahlung von Schadensersatz gem. § 823 BGB und wird grundsätzlich gem. § 303 StGB wegen Sachbeschädigung verfolgt.

Gewichtung der Teilaufgaben: 15 % : 25 % : 10 % : 25 % : 25 %

Lösungsvorschläge

Alle Paragrafenangaben beziehen sich – soweit nicht anders vermerkt – auf das BGB.

1. *Der Operator „abgrenzen“ erfordert hier eine kriterienorientierte Gegenüberstellung der beiden Rechtsbereiche. Dazu soll ein selbst gewähltes Beispiel eingesetzt werden.*

Das Öffentliche Recht regelt Rechtsverhältnisse zwischen **Staat und Bürgern** im Sinne des Prinzips von **Über- und Unterordnung**. Das Privat- bzw. Zivilrecht dagegen ist für die Rechtsverhältnisse von Bürgern bzw. Zivilpersonen untereinander zuständig, d. h. auf der Ebene der **Gleichordnung zwischen Individuen**.

Abgrenzung zwischen Öffentlichem Recht und Privatrecht

Bricht beispielsweise ein Dieb gewaltsam in einen Laden ein, zerstört dabei ein Türschloss und stiehlt Ware, hat dies Konsequenzen, die sowohl im Öffentlichen Recht wie im Privatrecht zu finden sind. **Diebstahl** ist ein Straftatbestand, der im **Strafrecht** (hier §§ 242, 243 StGB), d. h. in einem Teil des **Öffentlichen Rechts**, geregelt ist und durch die Staatsanwaltschaft für den Staat vertreten wird. Der **Staat** ist dabei **dem Bürger übergeordnet**. Im genannten Beispiel des Einbruchs und Diebstahls hat der Geschädigte selbst außerdem die Möglichkeit, vom Täter direkt **Schadensersatz** für den Sachschaden und ggf. die Ware zu verlangen. Der Schadensersatz wegen Unerlaubter Handlung ist in § 823 BGB geregelt und damit Teil des **Privatrechts**. Dieb und Geschädigter befinden sich im Bereich des **Bürgerlichen Rechts** auf der Ebene der **Gleichordnung**.

Beispiel mit Zuordnung

2. *Der Operator „erläutern Sie ausführlich“ erfordert eine umfassende Darstellung. Dazu soll ein selbst gewähltes Beispiel eingesetzt werden. Das Beispiel aus Aufgabe 1 kann, muss aber nicht verwendet werden. Der Bezug zu M 1 sollte explizit hergestellt werden.*

Der Hinweis der Polizei (M 1) bezieht sich allgemein auf die rechtlichen Regelungen zum **Eigentumserwerb von Nichtberechtigten** in den §§ 932 ff. und speziell auf den **Erwerb von gestohlenen Sachen** („Diebesgut“, vgl. M 1).

Zuordnung der rechtlichen Regelungen

Prinzipiell kann Eigentum (z. B. an einem Fahrrad) nur vom Eigentümer selbst übertragen werden (§ 929). In bestimmten Fällen kann jedoch gemäß § 932 das Eigentum auch von einem Nichtberechtigten übertragen werden, nämlich

Voraussetzung für Eigentumserwerb von Nichtberechtigten

- wenn dieser zwar kein Eigentümer, aber unmittelbarer Besitzer der Sache ist (§ 854),

- der Erwerber in gutem Glauben an das Eigentum des Nichtberechtigten ist, d. h., es ist ihm weder bekannt noch grob fahrlässig unbekannt, dass der Veräußerer kein Eigentümer ist (§ 932),
- die Übereignung durch Einigung und Übergabe stattfindet (§§ 145, 147, 929, 854) und
- der ursprüngliche Eigentümer den Besitz freiwillig aufgegeben hat (§ 935 I Umkehrschluss).

Ein Beispiel hierfür ist, wenn jemand das von einem Freund ausgeliehene Fahrrad aus Geldnot weiterveräußert. Beispiel

Von dieser Regelung gibt es allerdings **Ausnahmen** in § 935: Ist die Sache dem ursprünglichen Eigentümer verloren gegangen, gestohlen worden oder sonstwie abhanden gekommen, dann hat er den Besitz unfreiwillig aufgegeben und daher ist ein gutgläubiger Eigentumserwerb grundsätzlich nicht möglich (§ 935 I), es sei denn, es handelt sich um Geld, Inhaberpapiere oder öffentlich versteigerte Sachen (§ 935 II). Dies wäre beispielsweise der Fall, wenn der Freund das Fahrrad nicht geliehen, sondern ohne Wissen des Eigentümers heimlich mitgenommen hätte. Ausnahmen vom gutgläubigen Eigentumserwerb / Beispiel

Der **Hinweis der Polizei** bezieht sich auf den Fall gestohlener Sachen. Da ein gutgläubiger Erwerb an „Diebesgut" (vgl. M 1) gemäß § 935 I nicht möglich ist, soll man bei extrem „günstigen Angeboten" einen „Eigentumsnachweis" (vgl. M 1) verlangen. Weil an gestohlenen Sachen kein Eigentum erworben werden kann, darf der ursprüngliche Eigentümer sie über § 985 jederzeit herausfordern. Der Käufer, der dafür Geld bezahlt hat, hat dann das Nachsehen, da der Verkäufer des Diebesguts in der Regel nicht mehr auffindbar oder zahlungsunfähig sein wird. So könnte etwa jemand, der sein vor einiger Zeit gestohlenes Fahrrad auf einem Abstellplatz vor dem Schwimmbad entdeckt und die Identität des Rads nachweisen kann, dieses vom Besitzer herausfordern, egal welchen Preis derjenige dafür bezahlt hat (sofern er es nicht in einer öffentlichen Versteigerung erworben hat). Der Käufer hat nur Ansprüche gegen den Dieb. Bezug zu M 1 mit Erläuterung / Beispiel

3. *Der inhaltliche Zusammenhang zwischen den in M 2 beschriebenen Tatbeständen und dem Hinweisschild in M 3 ist herzustellen. Zitate aus den beiden Texten sind sinnvoll. Außerdem ist der Tatbestand in geeigneter Weise dem Öffentlichen Recht und dem Privatrecht zuzuordnen.*

Laut M 2 ist das Sprühen von Graffitis eine „Straftat[ ]" (M 2, Z. 3) und erfüllt den Tatbestand der „Sachbeschädigung" (Z. 1). Daher müssen Graffiti-Sprayer „mit Strafverfahren und hohen Schadensersatzklagen rechnen" (Z. 8 f.). Dies entspricht den von Aufgabenrelevante Informationen aus M 2, Bezug zu M 3, Zuordnung zu Rechtsgebieten der Stadt auf dem Hinweisschild in M 3 angedrohten Konsequenzen: § 823 regelt den zivilrechtlichen Schadensersatz bei unerlaubten Handlungen, kann also ggf. als Grundlage für eine Schadensersatzklage dienen (**Privat-/Zivilrecht**). § 303 StGB enthält die strafrechtlichen Folgen bei Sachbeschädigung, zu denen Graffitis „im Sinne des Gesetzes" (M 2, Z. 1 f.) gerechnet werden. Das Strafrecht ist Teil des **Öffentlichen Rechts**.

4. *Der Operator „beschreiben" erfordert hier eine knappe Darstellung. Der Bezug zu M 2 ist explizit herzustellen.*

Voraussetzungen einer Straftat

Graffiti-Sprayer müssen dann mit strafrechtlichen Konsequenzen rechnen, wenn sie eine Straftat begangen haben. Dazu müssen folgende Voraussetzungen erfüllt sein:

- **Tatbestandsmäßigkeit:** Illegale Graffitis erfüllen laut M 2 den Tatbestand der „Sachbeschädigung".
- **Rechtswidrigkeit:** Das Handeln der Graffiti-Sprayer ist rechtswidrig, sofern sie keinen Rechtfertigungsgrund wie z. B. Notwehr oder Nothilfe haben. Davon ist auszugehen.
- **Schuld:** Die Täter müssen schuldfähig sein, d. h. zumindest beschränkt strafmündig sein (ab 14 Jahre) und Einsicht in das Unrecht ihres Tuns haben. Darüber hinaus müssen Sie vorsätzlich oder fahrlässig handeln, wobei bei Graffitis von Vorsatz ausgegangen werden kann.

Strafrechtliche Konsequenzen laut M 2

Sind diese Voraussetzungen gegeben, liegt laut M 2, Z. 1 der Tatbestand der Sachbeschädigung vor und die Sprayer müssen mit Geldstrafen oder Freiheitsentzug von bis zu zwei Jahren (vgl. M 2, Z. 9 f.) rechnen.

Zweck der Strafen gemäß absoluter und relativer Straftheorie

Der Zweck der Bestrafung kann entweder in der absoluten oder der relativen Straftheorie angesiedelt sein. Nach der **absoluten Straftheorie** dient Strafe in erster Linie der Sühne für einen Verstoß gegen die gesetzlichen Regelungen. Der Zweck ist also in die Vergangenheit gerichtet und soll den Täter für seinen Regelverstoß büßen lassen. Die **relative Straftheorie** ist dagegen in die Zukunft gerichtet. Dabei unterscheidet man zwischen Spezial- und Generalprävention. Beide Strafzwecke können hier zur Anwendung kommen. Im Rahmen der **Spezialprävention** sollen Täter, also illegale Graffiti-Sprayer, von weiteren Straftaten abgehalten werden. Ziel der **Generalprävention** ist es, potenzielle Täter von vornherein abzuschrecken. Für ein illegales Graffiti ins Gefängnis zu gehen, sollte für rational denkende Menschen unverhältnismäßig sein. Darüber hinaus wird das Rechtssystem durch die Androhung und Verhängung von Strafen bei Regelverstößen bestärkt.

5. *Die Fragestellung bezieht sich ausschließlich auf zivilrechtliche Ansprüche, d. h., nur §812 und §823 I und II sind zu prüfen. Da §823 II sich auf Schutzrechte bezieht, die u. a. im Strafgesetzbuch zu finden sind, kommt hier allerdings auch §303 StGB zum Tragen. Der Operator „prüfen" erfordert eine juristisch fundierte Antwort, ohne jedoch den Gutachtenstil zu verlangen.*

Prüfung Ungerechtfertigte Bereicherung §812

§812, Ungerechtfertigte Bereicherung: §812 dient zum Ausgleich ungerechtfertigter Vermögensvorteile und greift nur, wenn und solange eine Bereicherung tatsächlich vorliegt. Da B die Werbefläche nicht zu wirtschaftlichen Zwecken, sondern für seine Liebesbotschaft unerlaubterweise benutzt, entsteht ihm auch kein Vermögensvorteil, d. h., §812 greift nicht.

Prüfung Unerlaubte Handlung §823 I

§823 I, Unerlaubte Handlung: B verletzt das Eigentum der Stadtwerke, indem er die Glaswand einer Bushaltestelle besprüht. Er tut dies absichtlich und handelt daher vorsätzlich im Sinne des §276 I. Die Handlung von B ist widerrechtlich, weil er damit gegen die Rechtsordnung (hier z. B. §303 StGB) verstößt und keinerlei Rechtfertigungsgrund erkennbar ist. Den Stadtwerken entsteht durch die Aktion von B ein Schaden, z. B. die Kosten der Reinigung.
Damit sind alle Tatbestandsmerkmale des §823 I erfüllt und B ist zum Ersatz des daraus entstandenen Schadens verpflichtet.
Der Umfang des Schadensersatzes ergibt sich aus §§249 ff. und kann entweder Naturalherstellung (d. h., B reinigt die Werbefläche) oder Ersatz aller kausal entstandenen Kosten (z. B. Reinigungskosten, Kosten der Ermittlung des Täters etc.) sein.

Prüfung Verstoß gegen ein Schutzrecht §823 II

§823 II, Verstoß gegen ein Schutzrecht: B hat durch seine Sachbeschädigung gegen §303 StGB und damit gegen ein Schutzrecht der Stadtwerke verstoßen. Daher können die Stadtwerke auch aus §823 II Schadensersatz gemäß §§249 ff. verlangen.

Checkliste

Aspekt	Ja	Teilweise	Nein	Weiß nicht
TEILAUFGABE 1				
Habe ich die wesentlichen Unterschiede der beiden Rechtsbereiche erläutert?	☐	☐	☐	☐
Habe ich ein passendes Beispiel formuliert?	☐	☐	☐	☐
Habe ich dem Beispiel die Rechtsbereiche eindeutig und begründet zugeordnet?	☐	☐	☐	☐
TEILAUFGABE 2				
Habe ich erkannt, dass es sich hier um den Eigentumserwerb von Nichtberechtigten handelt und alle Voraussetzungen erläutert?	☐	☐	☐	☐
Habe ich die Ausnahmen korrekt erläutert?	☐	☐	☐	☐
Habe ich den Bezug zu M 1 explizit hergestellt?	☐	☐	☐	☐
Habe ich ein durchgängiges Beispiel verwendet?	☐	☐	☐	☐
TEILAUFGABE 3				
Habe ich alle für M 3 relevanten Elemente aus M 2 herausgearbeitet?	☐	☐	☐	☐
Habe ich den Bezug zwischen M 2 und M 3 hergestellt?	☐	☐	☐	☐
Habe ich die Rechtsgebiete aus Aufgabe 1 eindeutig und begründet zugeordnet?	☐	☐	☐	☐
TEILAUFGABE 4				
Habe ich alle Voraussetzungen einer Straftat beschrieben?	☐	☐	☐	☐
Habe ich die strafrechtlichen Konsequenzen aus M 2 korrekt herausgearbeitet?	☐	☐	☐	☐
Habe ich die relevanten Strafzwecke im Rahmen der Straftheorien mit Bezug zu M 2 beschrieben?	☐	☐	☐	☐
TEILAUFGABE 5				
Habe ich erkannt, dass es in dieser Aufgabe nur um die §§812 und 823 BGB geht?	☐	☐	☐	☐
Habe ich alle relevanten Tatbestandsmerkmale der §§812 und 823 I, II BGB subsumiert?	☐	☐	☐	☐
Habe ich jeweils das juristische Ergebnis formuliert?	☐	☐	☐	☐
Habe ich den Fallbezug an allen erforderlichen Stellen hergestellt?	☐	☐	☐	☐

Klausuren Wirtschaft und Recht
Recht 3: Vertragliche und gesetzliche Ansprüche

Bearbeitungszeit: 90 Minuten

Thema: Sachmangel, Vertragsfreiheit, Straftat, Unerlaubte Handlung, Rechtsfunktionen

Aufgabenstellung

1. Vergleichen Sie die gesetzlichen Regelungen zur Gewährleistung beim Kauf mit den in M 1 angesprochenen Garantieleistungen.
2. Erklären Sie, warum S gegen J keinen vertraglichen Anspruch auf Schadensersatz geltend machen kann (M 2).
3. Prüfen Sie, welche beiden Alternativ-Ansprüche S stattdessen geltend machen kann (M 2).
4. Stellen Sie im Zusammenhang mit dem in M 2 dargestellten Fall die verschiedenen Ausprägungen der Vertragsfreiheit auch mit ihren Grenzen dar.
5. Gehen Sie jetzt davon aus, dass J das Gerät gar nicht gehörte, sondern er sich den MP3-Player nur von seiner Schwester ausgeliehen hatte. Zeigen Sie unter Einbeziehung der Materialien M 2 bis M 4, dass sich J wegen Unterschlagung gemäß § 246 I und II StGB strafbar gemacht hat. Geben Sie die Verbindung zwischen StGB und BGB an, die sich daraus ergibt, und vergleichen Sie die jeweiligen Rechtsfolgen.
6. Erläutern Sie am Fall des MP3-Players ausgewählte Rechtsfunktionen.

M 1: Gewährleistung oder Garantie?

Wenn das neue Handy plötzlich streikt oder der Fernseher kurz nach dem Kauf kaputt geht, wissen Kunden oft nicht, welche die richtige Adresse für Reklamationen ist. Sollen sie das Gerät zum Händler zurückbringen oder die Hotline des Herstellers wählen?

„Man darf die Gewährleistung des Händlers nicht mit der Garantie vom Hersteller verwechseln“, sagt Michael Bruns von der Stiftung Warentest in Berlin. […]

„In den ersten sechs Monaten ist die erste Anlaufstelle immer der Händler“, sagt Bruns. Kunden sollten auf ihr Recht beharren. […] Oft verwiesen Händler die Kunden an die Hersteller. „Deren Garantien sind aber freiwillig und können ganz unterschiedlich aussehen.“ […]

Zudem enthielten Garantien versteckte Kosten wie Versandgebühren, warnt Bruns. […]

Händler dürfen beim Austausch von mangelhafter Ware keine Gebühren verlangen. Das ergibt sich aus einem Urteil des Europäischen Gerichtshofs in Luxemburg (AZ: C-404/06), auf das der Bundesverband der Verbraucherzentralen hinweist. Beim Austausch defekter Waren eine Gebühr für die Nutzung des alten Geräts zu verlangen ist dem Gericht zufolge unzulässig.

In einigen Fällen könne es sich lohnen, zunächst die Garantie in Anspruch zu nehmen, sagt Verbraucherschützerin Schmidt. So erhielten Kunden bei einigen Handyherstellern bereits bei der ersten Reklamation sofort ein Austauschgerät. „Außerdem gelten Garantien, z. B. bei Autos, oft länger als die Gewährleistungsfrist“, sagte Rechtsanwalt Elsner. Doch nicht alles lässt sich reklamieren. Wer sein Handy ins Wasser fallen lässt, muss die Reparatur auch selber zahlen.

Quelle: dpa, Nordbayerischer Kurier, 05./06. Juli 2008, S. 61, für Prüfungszwecke bearbeitet

M 2

Montag:

Steffi: Hallo Jan, einen tollen MP3-Player hast du da!

Jan: Wenn du magst, kannst du ihn haben. Für 80 Euro gehört er dir; ich habe nämlich noch so einen zum 18. Geburtstag geschenkt bekommen.

Steffi: Ja, klasse! Neu kostet der ja locker 20 Euro mehr. Kann ich ihn gleich mitnehmen? Dann habe ich auch noch deine Songs alle drauf.

Jan: Ja klar. Passt schon.

Dienstag:

Steffi: Hallo Jan, der MP3-Player, den du mir gestern für 80 Euro verkauft hast, funktioniert überhaupt nicht. Der Akku war leer und ich konnte ihn nicht aufladen, weil das Ladekabel offensichtlich defekt ist. Ein neues Kabel kostet 10 Euro. Das Geld möchte ich von dir ersetzt haben! Und rede dich nicht heraus. Du bist wie ich volljährig und verantwortlich für das, was du tust.

Jan: Sag du mir nichts von Verantwortung, ich habe dir ein fast fabrikneues Gerät übergeben. Ruf doch die Hotline des Herstellers an! Ich will damit nichts mehr zu tun haben!

M 3: § 246 StGB Unterschlagung

(1) Wer eine fremde bewegliche Sache sich oder einem Dritten rechtswidrig zueignet, wird mit Freiheitsstrafe bis zu drei Jahren oder mit Geldstrafe bestraft [...].

(2) Ist in den Fällen des Absatzes 1 die Sache dem Täter anvertraut, so ist die Strafe Freiheitsstrafe bis zu fünf Jahren oder Geldstrafe.

(3) Der Versuch ist strafbar.

M 4

Unterschlagung ist ein Auffangtatbestand, der alle Formen rechtswidriger Zueignung umfasst, wenn die Tat nicht in anderen Vorschriften, z. B. Raub [...] mit schwerer Strafe bedroht ist [...]. Der Täter wird die Sache i. d. R. in Besitz oder Gewahrsam haben. Erforderlich ist dies aber für eine Unterschlagung nicht. Die rechtswidrige Zueignung besteht darin, dass der Täter ohne Rechtsgrund – z. B. Einwilligung des Eigentümers – wie ein Eigentümer über die Sache verfügt, [...] insbesondere durch Verbrauchen, Veräußern [...]. Vorsatz ist erforderlich [...].

Quelle: Weber, K. (Hrsg.), Creifelds Rechtswörterbuch, 19. Aufl., C. H. Beck München 2007, S. 1209

Gewichtung der Teilaufgaben: 15 % : 15 % : 15 % : 15 % : 25 % : 15 %

Lösungsvorschläge

Alle Paragrafenangaben beziehen sich – soweit nicht anders vermerkt – auf das BGB.

1. *Unter Bezugnahme auf M 1 sind Gemeinsamkeiten und Unterschiede zwischen der gesetzlichen Gewährleistung und der Garantieleistung zu beschreiben. Der Operator „vergleichen“ erfordert eine verbale Lösung; eine tabellarische Gegenüberstellung genügt nicht.*

Vergleich anhand verschiedener Aspekte

Die **gesetzliche Gewährleistung** beim Kauf, d. h. die vertragliche Haftung bei Sachmangel, ist vom Verkäufer zu leisten (vgl. M 1, Z. 5 f.) und ergibt sich rechtlich zwingend aus den gesetzlichen Regelungen des **BGB**. **Garantieleistungen** dagegen werden i. d. R. vom Hersteller angeboten und stellen eine **freiwillige** rechtsgeschäftliche **Zusatzleistung** dar (vgl. Z. 9). Sie können je nach Hersteller unterschiedlich gestaltet sein (vgl. Z. 9 f.) und z. B. auch „versteckte **Kosten** wie Versandgebühren“ (Z. 11) enthalten. Die Regelungen der Sachmängelhaftung sind dagegen einheitlich, so trägt beispielsweise die Kosten der Nacherfüllung, also auch ggf. entstehende Versandkosten, grundsätzlich der Verkäufer (§ 439 II). Auch beim „Austausch“ (Z. 13), also der Ersatzlieferung, dürfen bei der gesetzlichen Gewährleistung keine Gebühren anfallen, bei Inanspruchnahme von Garantieleistungen kann dies aber der Fall sein.
Garantieleistungen bieten unter Umständen jedoch auch **Vorteile** gegenüber den Leistungen aus der gesetzlichen Gewährleistung. Während der Verkäufer laut § 439 IV im Falle unverhältnismäßiger Kosten die Ersatzlieferung auch ablehnen und auf Nachbesserung bestehen kann, erhält man beim Hersteller oftmals bei der ersten Reklamation ein neues Gerät (vgl. Z. 19 f.). Unter Umständen gelten die Garantieleistungen des Herstellers auch länger (vgl. Z. 20 f.) als die auf maximal zwei Jahre beschränkte gesetzliche Gewährleistung (§ 438 I Nr. 3).

2. *Aus dem BGB ist zu begründen, warum S gegenüber J grundsätzlich keinen Anspruch auf Schadensersatz hat. Der Operator „erklären" erfordert nicht unbedingt eine Prüfung im Gutachtenstil, trotzdem ist es sinnvoll, systematisch nach Tatbestandsmerkmalen vorzugehen, um nichts zu übersehen.*

Für S käme ein **Schadensersatz statt der Leistung** infrage, da ein Teil der Leistung, nämlich das Kabel, ersetzt werden muss und ihr daraus ein Schaden in Höhe von 10 € entstehen würde. Sie hat einen Anspruch auf Schadensersatz statt der Leistung gemäß §§ 280 I, III, 281, wenn die folgenden Tatbestandsmerkmale erfüllt sind:

Formulieren des Anspruchs

Schuldverhältnis: Zwischen S und J besteht bezüglich des MP3-Players ein wirksamer **Kaufvertrag** (§§ 145, 147, 433). Daher ist J u. a. zur Übereignung eines mangelfreien MP3-Players verpflichtet (§ 433 I S. 2).

Voraussetzungen für Schadensersatz statt der Leistung; Subsumtion

Pflichtverletzung: S und J haben weder eine Vereinbarung über die Eigenschaft des Geräts (§ 434 I S. 1) noch über dessen Verwendbarkeit (§ 434 I S. 2 Nr. 1) getroffen. Das Gerät eignet sich aber nicht zur **gewöhnlichen Verwendung** (§ 434 I S. 2 Nr. 2), da es dazu geladen werden muss und dies ohne funktionierendes Ladekabel nicht möglich ist. Das „fast fabrikneue[ ]" (M 2, Z. 14) Gerät hat daher einen Sachmangel, der bereits bei der Übergabe (§ 854 I), also bei **Gefahrübergang** (§ 446), vorlag. Gemäß M 2 hatte S keine **Kenntnis vom Mangel** und er ist ihr auch nicht in grob fahrlässiger Weise unbekannt geblieben (§ 442 I).
Eine **Fristsetzung zur Nacherfüllung** ist entbehrlich, da J die Nacherfüllung kategorisch ablehnt (§ 281 II).
Vertretenmüssen: Ein Anspruch auf Schadensersatz setzt gemäß § 280 I grundsätzlich voraus, dass der Schuldner, hier J, die Pflichtverletzung zu vertreten hat. J hat den Mangel zu vertreten, wenn er **vorsätzlich oder fahrlässig** gehandelt hat (§ 276 I). Keiner dieser Fälle trifft zu, da er bei einem „fast fabrikneue[n] Gerät" (M 2, Z. 14) davon ausgehen kann, dass sowohl der MP3-Player als auch das Zubehör funktionstüchtig sind. Anderslautende Angaben sind nicht in M 2 enthalten. Ein Anspruch auf Schadensersatz könnte sich daneben auch aufgrund einer **Beschaffenheitsgarantie** des J ergeben. Da J aber S nicht die Funktionstüchtigkeit des Kabels zugesichert hat, entsteht auch hieraus kein Anspruch auf Schadensersatz.

Ergebnis: S hat keinen Anspruch auf Schadensersatz gegenüber J, da dieser den Mangel nicht zu vertreten hat.

Ergebnis

3. *Der Operator „prüfen“ erfordert eine exakte Normenanalyse mit Subsumtion der relevanten Paragrafen bzw. Tatbestandsmerkmale.*

Infrage kommen Rücktritt vom Vertrag oder Minderung. — Alternativen

S könnte gegenüber J einen Anspruch auf **Rücktritt vom Vertrag** gemäß §§437 Nr. 2, 323 unter den folgenden Voraussetzungen haben: — Prüfung Rücktritt vom Vertrag
Schuldverhältnis sowie **Pflichtverletzung** liegen vor (vgl. Prüfung bei Aufgabe 2) und die **Fristsetzung** zur Nacherfüllung (§§437 Nr. 2, 323 I) ist entbehrlich, da J die Nacherfüllung verweigert, indem er S an die „Hotline des Herstellers“ (M 2, Z. 15) verweist und „damit nichts mehr zu tun haben“ (Z. 15 f.) will (§323 II Nr. 1).
Ggf.: §438 I Nr. 3 (**Verjährung** der Mängelansprüche) greift nicht, da S bereits am Tag nach dem Kauf des Players J auf den Mangel hingewiesen hat.
Ergebnis: S kann gemäß §§437 Nr. 2, 323 I, II vom Kaufvertrag zurücktreten. — Ergebnis

Alternativ könnte S gegenüber J einen Anspruch auf **Minderung** des Kaufpreises gemäß §§437 Nr. 2, 323, 441 haben, wenn die Voraussetzungen des Rücktritts erfüllt sind. Dies ist der Fall (vgl. Prüfung oben). — Prüfung Minderung
Ergebnis: S kann alternativ zum Rücktritt gemäß §441 I den **Kaufpreis mindern** und dies sogar, wenn der Mangel **nicht erheblich** ist. — Ergebnis

4. *„Darstellen“ heißt, wesentliche Aspekte eines Zusammenhangs oder Sachverhalts – hier der Vertragsfreiheit – strukturiert wiedergeben. Der Bezug zum Fall in M 2 muss explizit hergestellt werden.*

Unter **Vertragsfreiheit** versteht man die Freiheit des Einzelnen, seine Rechtsbeziehungen eigenverantwortlich nach seinen Vorstellungen gestalten zu können, solange er sich im generellen Freiheitsrahmen unserer Rechtsordnung bewegt. Die Vertragsfreiheit lässt sich folgendermaßen unterteilen: — Definition Vertragsfreiheit allgemein

- **Abschlussfreiheit:** Man kann frei entscheiden, ob und mit wem man einen Vertrag abschließen will, es sei denn, es besteht Kontrahierungszwang, wie z. B. im öffentlichen Nahverkehr oder bei regionalen Monopolen von Versorgungsunternehmen. Im Fall in M 2 hätte Jan auch den Kaufantrag von Steffi ablehnen und ihr den MP3-Player nicht verkaufen können. — Erläuterung der Abschlussfreiheit und Darstellung der Grenzen; Bezug zum Fall

- **Gestaltungsfreiheit** bzw. **Inhaltsfreiheit:** Man kann den Typ und den Inhalt eines Vertrags frei gestalten. Grenzen der Gestaltungsfreiheit sind z. B. Sittenwidrigkeit § 138 oder Verstoß gegen ein gesetzliches Verbot § 134. Im Fall von Steffi und Jan vereinbaren die beiden z. B., dass die Songs, die Jan auf dem Player hat, nicht gelöscht werden, sondern dass Steffi sie als Extra dazubekommt (M 2).

Erläuterung der Gestaltungsfreiheit und Darstellung der Grenzen; Bezug zum Fall

- **Formfreiheit** (die Formfreiheit wird in der Literatur zum Teil als Unterpunkt zur Gestaltungsfreiheit abgehandelt): Man kann die äußere Form, in der ein Vertrag abgeschlossen wird, frei wählen (z. B. mündlich, schriftlich, elektronisch), sofern keine der relativ wenigen gesetzlich vorgeschriebenen Formvorschriften greift, z. B. notarielle Beurkundung für Kaufverträge über Immobilien § 311 b I. Im Fall von Steffi und Jan findet der Kaufvertrag in mündlicher Form unter Anwesenden statt. Für derartige Geschäfte des Alltags gibt es keine gesetzlich vorgeschriebene Form.

Erläuterung Formfreiheit und Darstellung der Grenzen; Bezug zum Fall

5. *„Zeigen" bedeutet hier, eine schlüssige Argumentation zu entwickeln, warum J sich der Unterschlagung strafbar gemacht hat. Ein expliziter Bezug zu den Materialien M 2 bis M 4 wird erwartet. Das heißt, es muss insgesamt geprüft werden, ob eine Straftat vorliegt. Der zweite Aufgabenteil zielt auf § 823 BGB ab.*

Bei der Veräußerung des MP3-Players durch J an S könnte eine **Unterschlagung** gemäß § 246 I und II StGB vorliegen. Um sich strafbar zu machen, müssen von Js Seite Tatbestandsmäßigkeit, Rechtswidrigkeit und Schuld vorliegen.

Voraussetzungen für eine Straftat allgemein

Tatbestandsmäßigkeit: Bei dem Player handelt es sich um „eine fremde bewegliche Sache" (§ 246 I StGB), die J „anvertraut" wurde (§ 246 II StGB), da der Player seiner Schwester gehört und J durch die Leihe nur den Besitz daran erlangt hat. J veräußert das Gerät an S, d. h., er „eignet" die Sache „einem Dritten" (S) „zu" (§ 246 I StGB), indem er „wie ein Eigentümer über die Sache verfügt" (M 4, Z. 6).

Prüfung Tatbestandsmäßigkeit

Rechtswidrigkeit: Diese Verfügung geschieht „rechtswidrig" (§ 246 I StGB) bzw. „ohne Rechtsgrund" (M 4, Z. 5), da er als Besitzer nicht zum „Veräußern" (M 4, Z. 7) des Players an S berechtigt ist und seine Schwester auch keine entsprechende „Einwilligung" (M 4, Z. 5) gegeben hat.

Prüfung Rechtswidrigkeit

Schuld: Außerdem handelt J mit „Vorsatz" (M 4, Z. 7), da er das Gerät absichtlich ohne rechtlichen Grund veräußert. Mit 18 Jahren ist er strafmündig als Heranwachsender und das Unrecht seines Tuns muss ihm in diesem Alter bewusst sein.

Prüfung Schuld

Ergebnis: Die Tatbestandsmerkmale des § 246 I und II StGB sowie Rechtswidrigkeit und Vorsatz als **Voraussetzungen einer Straftat** sind erfüllt, d. h., es handelt sich um die Unterschlagung einer anvertrauten Sache (§ 246 I, II StGB).

Ergebnis

Zusammenhang mit BGB:
Der Tatbestand der Unterschlagung ist nicht nur eine **Straftat**, sondern auch zivilrechtlich ein **Delikt**. Die Verbindung zwischen StGB und BGB besteht in § 823 BGB, der die zivilrechtlichen Rechtsfolgen bei Delikten (= **Unerlaubte Handlungen**) regelt, insbesondere bei Verstößen gegen Schutzgesetze wie z. B. § 246 StGB (§ 823 II BGB). Während die Rechtsfolge einer Straftat allerdings i. d. R. eine Geld- oder Freiheitsstrafe zur Bestrafung oder Abschreckung ist – im vorliegenden Fall, da es sich um eine anvertraute Sache handelt, **Geldstrafe oder Freiheitsstrafe** bis zu 5 Jahren –, geht es im Zivilrecht um die meist materiellen Interessen des Geschädigten, der hier laut § 823 BGB ein Recht auf **Schadensersatz** hat. Im Fall ist dies die Schwester von J, da sie ihr Eigentum verliert.

Verbindung StGB und BGB: Delikt als Straftat bzw. Unerlaubte Handlung

Vergleich der Rechtsfolgen

6. *Der Operator „erläutern" erfordert eine ausführliche Darstellung, die sich hier auf die bisherigen Aufgaben beziehen muss. Mindestens zwei Rechtsfunktionen, z. B. aus der Auswahl unten, werden erwartet. Andere Lösungen sind denkbar.*

Das Recht hat verschiedene Funktionen wie z. B. Ordnungsfunktion, Ausgleichsfunktion, Erziehungsfunktion oder Friedensfunktion.

- **Ordnungsfunktion:** Das Recht hat v. a. die Funktion, das menschliche Zusammenleben durch Normen so zu regeln, dass entweder keine Konflikte entstehen oder diese friedlich gelöst werden können. Im vorliegenden Fall gibt es z. B. klare Regelungen für die Ansprüche, die Steffi wegen des defekten MP3-Players Jan gegenüber geltend machen kann.

Erläuterung der Ordnungsfunktion und Bezug zum Fall

- **Ausgleichsfunktion:** Im Rahmen der Ausgleichsfunktion soll ein gerechter Interessenausgleich zwischen den Beteiligten erreicht werden. So hat Steffi zwar Ansprüche aus Sachmangel gegen Jan, jedoch keine beliebigen. Sie hat z. B. keinen Schadensersatzanspruch, da Jan den Schaden nicht zu vertreten hat.

Erläuterung der Ausgleichsfunktion und Bezug zum Fall

- **Erziehungsfunktion:** Jan muss für die Unterschlagung und widerrechtliche Veräußerung des MP3-Players mit einer Strafe oder zumindest mit einem Schadensersatzanspruch seiner Schwester rechnen. Diese Konsequenz seines rechtswidrigen Verhaltens soll auch dazu dienen, ihn in Zukunft von derartigen Handlungen abzuhalten.

Erläuterung der Erziehungsfunktion und Bezug zum Fall

- **Friedensfunktion:** Im Rechtsstaat gilt das Gewaltmonopol des Staates, d. h., der Einzelne muss seine Rechte im Extremfall mit obrigkeitlicher Hilfe durchsetzen, z. B. Polizei oder Gericht, und darf dies nicht einfach mit eigener Gewalt tun. Im Fall von Steffi, Jan und dessen Schwester müssten Steffi und Jans Schwester im Extremfall gegen Jan klagen, um ihre Rechte aus Sachmangel bzw. aus der unerlaubten Veräußerung des MP3-Players geltend zu machen. Eine Durchsetzung mittels Faustrecht wäre rechtswidrig.

Erläuterung der Friedensfunktion und Bezug zum Fall

Checkliste

Aspekt	Ja	Teilweise	Nein	Weiß nicht
TEILAUFGABE 1				
Habe ich die wesentlichen Unterschiede zwischen Garantie und Gewährleistung erläutert?	☐	☐	☐	☐
Habe ich eindeutige Bezüge zu M 1 hergestellt?	☐	☐	☐	☐
Habe ich meine Antwort klar gegliedert?	☐	☐	☐	☐
TEILAUFGABE 2				
Habe ich erkannt, dass es sich hier um den Schadensersatz statt der Leistung handelt?	☐	☐	☐	☐
Habe ich alle Voraussetzungen für den Schadensersatz statt der Leistung untersucht?	☐	☐	☐	☐
Habe ich das nicht erfüllte Tatbestandsmerkmal „Vertretenmüssen“ erkannt?	☐	☐	☐	☐
Habe ich das Ergebnis korrekt formuliert?	☐	☐	☐	☐
TEILAUFGABE 3				
Habe ich die Alternativen Rücktritt vom Vertrag und Minderung erkannt?	☐	☐	☐	☐
Habe ich für beide Alternativen alle Tatbestandsmerkmale vollständig geprüft?	☐	☐	☐	☐
Habe ich für beide Alternativen das Ergebnis korrekt formuliert?	☐	☐	☐	☐

TEILAUFGABE 4				
Habe ich alle Elemente der Vertragsfreiheit genannt und erläutert?	☐	☐	☐	☐
Habe ich für jedes Element der Vertragsfreiheit Grenzen genannt?	☐	☐	☐	☐
Habe ich für jedes Element der Vertragsfreiheit den Bezug zum vorliegenden Fall hergestellt?	☐	☐	☐	☐
TEILAUFGABE 5				
Habe ich alle Voraussetzungen einer Straftat genannt und für den vorliegenden Fall geprüft?	☐	☐	☐	☐
Habe ich konsequent den Bezug zu M2, M3 und M4 hergestellt?	☐	☐	☐	☐
Habe ich das juristische Ergebnis korrekt formuliert?	☐	☐	☐	☐
Habe ich den Zusammenhang zwischen BGB und StGB über § 823 erkannt und dargestellt?	☐	☐	☐	☐
Habe ich die jeweiligen straf- bzw. zivilrechtlichen Rechtsfolgen verglichen?	☐	☐	☐	☐
TEILAUFGABE 6				
Habe ich passende Rechtsfunktionen ausgewählt und allgemein erläutert?	☐	☐	☐	☐
Habe ich den Fallbezug bei jeder Rechtsfunktion sinnvoll hergestellt?	☐	☐	☐	☐

Klausuren Wirtschaft und Recht
Recht 4: Leistungsstörungen beim Kauf

Bearbeitungszeit: 90 Minuten

Thema: Leistungsstörungen beim Kauf (Zahlungsverzug), Eigentum und Besitz (Eigentumsvorbehalt, gutgläubiger Eigentumserwerb)

Aufgabenstellung

1. Erstellen Sie eine systematische Übersicht, die bei Pflichtverletzungen im Schuldverhältnis den Zusammenhang zwischen möglichen Rechten des Gläubigers und den jeweils erforderlichen Tatbestandsmerkmalen zeigt. Erläutern Sie anhand der erarbeiteten Systematik, wie der Gesetzgeber versucht, einen gerechten Interessenausgleich zwischen Schuldner und Gläubiger zu gewährleisten.
2. Stellen Sie die zwischen K und O im Sachverhalt M 1 abgeschlossenen Rechtsgeschäfte und vollzogenen Realakte sowie die sich daraus ergebenden Eigentums- und Besitzverhältnisse am Buch dar.
3. Beschreiben Sie allgemein die Vorteile des Eigentumsvorbehalts und erläutern Sie dessen mögliche juristische Konsequenzen bei Verzögerung der Zahlung.
4. Prüfen Sie im Gutachtenstil, ob O einen Anspruch auf Zahlung von Verzugszinsen geltend machen kann (M 1).
5. Weisen Sie nach, dass im Fall M 1 der Rechtsgrundsatz „Niemand kann mehr Recht übertragen, als er selber hat" für das heutige BGB nicht mehr unbeschränkt Gültigkeit hat.
6. Zeigen Sie, wie der Gesetzgeber die Interessen des ursprünglichen Eigentümers in Fällen wie M 1 berücksichtigt hat.

M 1

1 Rentner Karl (K) sammelt alte Bücher. Er findet das begehrte Buch des Juristen Gierke im Online-Antiquariat „Oldbook" (O) und bestellt es am 3. April zum Preis von 155 €. Es wird Eigentumsvorbehalt vereinbart. Die Zusendung des Buches erfolgt eine Woche später am 10. April. In der beigelegten Rechnung wird auf die Bestimmungen des § 286 III verwiesen und vermerkt: „Unsere Rechnungen sind sofort nach Erhalt fällig."

K vergisst zu bezahlen und erhält am 19. Mai ein Schreiben von O, in dem K zur Zahlung des ausstehenden Betrages zuzüglich Verzugszinsen aufgefordert wird.

K, der aus Verärgerung über die Zinsforderung des O die Zahlung noch hinauszögert, trifft seine Nichte Belinda (B). Diese hat gerade mit dem Studium der Rechtswissenschaften begonnen. K erzählt ihr, dass er vor Kurzem ein Werk des Juristen Gierke erworben hat. B zeigt Interesse an diesem Buch. Da K seiner Nichte eine Freude machen will, schenkt er ihr das Buch zu ihrem zwanzigsten Geburtstag noch vor Zahlung des Kaufpreises.

Gewichtung der Teilaufgaben: 20 % : 15 % : 15 % : 20 % : 15 % : 15 %

Lösungsvorschläge

Alle Paragrafenangaben beziehen sich – soweit nicht anders vermerkt – auf das BGB.

1. *Die Fragestellung hat zwei Teile:*
   - *Erarbeiten einer Systematik von allgemeinen Tatbestandsmerkmalen und Rechtsfolgen bei Pflichtverletzungen,*
   - *Zeigen des Interessenausgleichs im Rahmen der Systematik.*

   Für den ersten Teil gibt es verschiedene Lösungsmöglichkeiten; unverzichtbar ist das Erstellen des Zusammenhangs zwischen den einzelnen Rechtsfolgen und den dafür erforderlichen Tatbestandsmerkmalen.

   Es soll ein Überblick erarbeitet werden. Dies könnte grafisch oder verbal mit einer Tabelle geschehen. Zwei mögliche Lösungen wären: Systematik

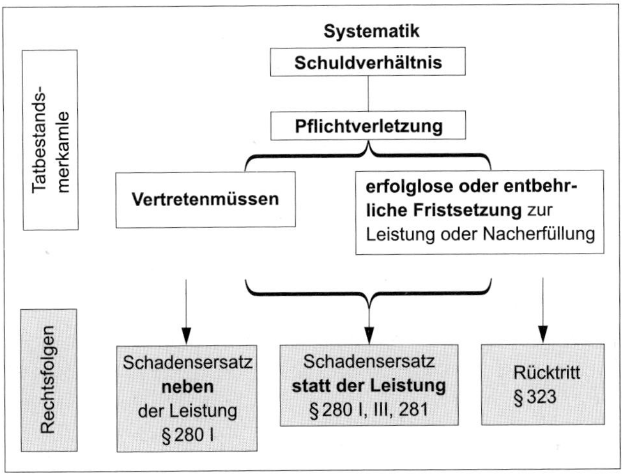

	Tatbestandsmerkmale			
Rechtsfolgen	Schuldverhältnis	Pflichtverletzung	Vertretenmüssen	erfolglose/ entbehrliche Fristsetzung
Schadensersatz neben der Leistung § 280	erforderlich	erforderlich	erforderlich	nicht erforderlich
Schadensersatz statt der Leistung §§ 280 I, III, 281	erforderlich	erforderlich	erforderlich	erforderlich
Rücktritt § 323	erforderlich	erforderlich	nicht erforderlich	erforderlich

Erläuterung des Interessenausgleichs im Schuldrecht

Interessenausgleich bedeutet, dass eine Regelung unter Berücksichtigung der Interessen aller Beteiligten gesucht wird.
Das Schuldrecht im BGB unterliegt einerseits dem Grundsatz ***pacta sunt servanda***, d. h., prinzipiell sind einmal rechtswirksam geschlossene Verträge auch zu erfüllen. Andererseits muss ein Gläubiger bei nicht ordnungsgemäßer Erfüllung entsprechende Ansprüche haben.

Tatbestandsmerkmal Fristsetzung

Tatbestandsmerkmal Fristsetzung: Im Fall einer Pflichtverletzung durch den Schuldner steht das Interesse des Schuldners an der **Gültigkeit des Vertrags** dem Interesse des Gläubigers an der **ordnungsgemäßen Erfüllung** des Vertrags bzw. an der Beseitigung der Folgen der Pflichtverletzung gegenüber. Der Gesetzgeber versucht beiden Interessen gerecht zu werden, indem er als ersten Schritt nach einer Pflichtverletzung eine **Fristsetzung zur nochmaligen bzw. korrekten Erfüllung** festlegt. Nutzt der Schuldner diese „zweite Chance" erfolgreich, sind die beidseitigen Interessen befriedigt. Verstreicht die Frist dagegen erfolglos, ist der Gläubiger am Zug und kann weitere Rechte geltend machen.

Tatbestandsmerkmal Vertretenmüssen

Tatbestandsmerkmal Vertretenmüssen: Schadensersatz hat für den Schuldner weitreichendere Folgen als Rücktritt. Daher stellt der Gesetzgeber für den Schadensersatz auch weitreichendere Voraussetzungen auf: Während für den Rücktritt die erfolglose Fristsetzung genügt, muss für einen Schadensersatzanspruch ein **Vertretenmüssen** des Schuldners gegeben sein, d. h., er hat die Pflichtverletzung fahrlässig oder vorsätzlich verursacht oder ggf. eine Leistungsgarantie übernommen, aber nicht eingehalten (vgl. § 276). Der Interessenausgleich besteht darin, dass für den umfassenderen Anspruch des Gläubigers auch schwerwiegendere Tatbestandsmerkmale vonseiten des Schuldners erforderlich sind.

Rechtsfolge Schadensersatz neben der Leistung: Bestimmte Schäden lassen sich auch durch eine ordnungsgemäße Erfüllung „im zweiten Anlauf" nicht ungeschehen machen (z. B. die Verletzung eines Menschen als Folge eines Sachmangels). Eine Fristsetzung zur Erfüllung wäre hier wirkungslos und wird vom Gesetzgeber daher nicht vorausgesetzt. Der Interessenausgleich besteht darin, dass bei derartigen Schäden der Gläubiger auch **ohne Fristsetzung Schadensersatz** verlangen kann, aber eben nur dann, wenn der Schuldner die Pflichtverletzung zu vertreten hat.

Schadensersatz neben der Leistung

2. *Zu bearbeiten sind lediglich das Verpflichtungsgeschäft und das Erfüllungsgeschäft bezüglich des Buches. Das Erfüllungsgeschäft bzgl. des Geldes hat noch nicht stattgefunden. Die Lösung muss alle relevanten Tatbestandsmerkmale und Paragrafenangaben enthalten.*

Karl (K) schließt am 3. April mit Oldbook (O) durch Antrag und Annahme einen Kaufvertrag über das Buch von Gierke für 155 € unter Eigentumsvorbehalt ab (§§ 145, 147, 433, 449).
Ergebnis: An den Besitz- und Eigentumsverhältnissen ändert sich noch nichts.

Verpflichtungsgeschäft

O liefert das Buch am 10. April an K durch Einigung unter aufschiebender Bedingung der vollständigen Bezahlung und Übergabe (Realakt) des Buches (§§ 145, 147, 929, 854, 158 I).
Ergebnis: Im Rahmen des Eigentumsvorbehalts wird K unmittelbarer Besitzer des Buches (§ 854) mit Anwartschaftsrecht, das bei Bezahlung automatisch zum Vollrecht (Eigentum an dem Buch) wird. O bleibt Eigentümer des Buches bis zur vollständigen Bezahlung der 155 €.

Erfüllungsgeschäft (Buch) unter Eigentumsvorbehalt

3. *Die Fragestellung hat zwei Teile: Zunächst sind die Vorteile des Eigentumsvorbehalts zu beschreiben. Die Vorteile können rechtlicher wie wirtschaftlicher Art sein. Es ist sinnvoll, verschiedene Perspektiven einzunehmen. Mindestens zwei Vorteile sind auszuarbeiten. Anschließend sollen die möglichen juristischen Konsequenzen einer verzögerten Zahlung ausschließlich im Zusammenhang mit dem Eigentumsvorbehalt erläutert werden. Die gesamte Frage ist ganz allgemein gestellt und bezieht sich nicht auf den Fall von K und O.*

Aus Sicht des Verkäufers

Vorteile des Eigentumsvorbehalts aus Sicht des Verkäufers

- dient der Eigentumsvorbehalt dem Eigentumsschutz. Die Rechte des Käufers an der Sache sind bis zur vollständigen Zahlung stark beschränkt. Er darf die Sache z. B. nicht wegwerfen oder zerstören. Volle Eigentumsrechte gemäß § 903 erhält der Käufer erst nach der vollständigen Zahlung.

- wird dadurch, dass bei Eigentumsvorbehalt das Eigentum nicht an den Käufer übergeht, verhindert, dass dieser den Kaufgegenstand ohne Zustimmung des ursprünglichen Verkäufers rechtswirksam an einen Dritten weiterveräußert, es sei denn, der Dritte erwirbt gutgläubig vom Nichtberechtigten.
- ermöglicht der Eigentumsvorbehalt relativ sichere Kreditgeschäfte mit Kunden, die nicht sofort den vollen Kaufpreis zahlen (z. B. Ratenkauf), und erhöht so den möglichen Umsatz.

Aus Sicht des Käufers ist vorteilhaft,

Vorteile des Eigentumsvorbehalts aus Sicht des Käufers

- dass er den Kaufgegenstand bereits vor der vollständigen Bezahlung erhält und für sich selbst nutzen kann.
- dass größere Anschaffungen, die nicht sofort vollständig bezahlt werden können, möglich sind (z. B. Ratenkauf).

Juristische Folgen der verspäteten Zahlung

Bei Eigentumsvorbehalt kann der Verkäufer gemäß § 449 II erst nach dem Rücktritt vom Vertrag die Sache über § 985 herausverlangen. Der Rücktritt (§ 323) ist unter folgenden Voraussetzungen möglich:

- **Schuldverhältnis:** Es liegt ein rechtswirksamer Kaufvertrag vor (§§ 145, 147, 433). (In diesem Fall unter Eigentumsvorbehalt.)
- **Pflichtverletzung:** Die Zahlung erfolgt trotz Fälligkeit (§ 271) nicht oder nicht vollständig (§ 323 I).
- **Fristsetzung:** Eine vom Verkäufer zur Zahlung gesetzte Frist verstreicht erfolglos bzw. die Fristsetzung ist gemäß § 323 II entbehrlich, z. B. bei einem bereits im Vertrag vereinbarten Zahlungstermin (§ 271 II).

Ergebnis

Sind diese Voraussetzungen erfüllt, kann der Verkäufer vom Vertrag zurücktreten und dann, da er noch Eigentümer ist, den Kaufgegenstand vom Käufer herausverlangen (§§ 449, 985).

4. *Prüfen im Gutachtenstil erfordert eine vollständige juristische Prüfung (Formulieren der Anspruchsgrundlage, Subsumtion erforderlicher Rechtsnorm/en, Formulierung der Rechtsfolge/n). Eine Argumentation über § 280 I, II i. V. m. § 286 ist nicht erforderlich, da die §§ 286, 288 eine eigenständige Anspruchsgrundlage sind.*

Anspruchsgrundlage

O kann unter den folgenden Voraussetzungen der §§ 286, 288 Verzugszinsen wegen Zahlungsverzugs von K verlangen:

Prüfung der Tatbestandsmerkmale

- **Schuldverhältnis:** K und O haben einen rechtswirksamen Kaufvertrag (unter Eigentumsvorbehalt) über das Buch für 155 € abgeschlossen (§§ 145, 147, 433, 449).
- **Pflichtverletzung:** Es liegt eine verspätete Leistung vor (§ 286), da K bis zum 19. Mai nicht zahlt, obwohl die Bezah-

lung mangels vereinbarten Termins sofort fällig (§ 271 I) und möglich ist.

- **Vertretenmüssen:** K hat die Nichtleistung zu vertreten, da er die Zahlung „vergisst" (Fahrlässigkeit §§ 286 IV, 276 I, II).
- **Mahnung:** Die Mahnung ist gemäß § 286 III entbehrlich. K kommt schon vor der Mahnung von O bereits am 10. Mai in Zahlungsverzug, da er 30 Tage nach Zugang der Rechnung, in der er als Verbraucher (§ 13) auf die Regelung des § 286 III hingewiesen wurde (vgl. M 1, Z. 4 f.), das Entgelt für das Buch noch nicht bezahlt hat.

Ergebnis

Ergebnis: K befindet sich ab dem 30. Tag nach Zugang des Buches und der Rechnung in Zahlungsverzug (also ab dem 10. Mai). Da es sich um eine Geldschuld handelt, ist er gemäß § 288 I zur Zahlung von Verzugszinsen für die Zeit des Verzuges verpflichtet.

5. *Die Aufgabe zielt auf den gutgläubigen Eigentumserwerb von Nichtberechtigten ab. Der Operator „nachweisen" erfordert eine vollständige Normenanalyse und Subsumtion.*

Erläuterung zum Eigentumserwerb

Grundsätzlich ist gemäß § 929 eine Eigentumsübertragung nur durch den Eigentümer möglich. Aufgrund des **Eigentumsvorbehalts** (vgl. Aufgabe 2) ist K jedoch nur unmittelbarer Besitzer, nicht Eigentümer des Buches. Eine Übereignung ist daher nur durch **gutgläubigen Eigentumserwerb vom Nichtberechtigten** unter den Voraussetzungen der §§ 932, 935 möglich:

Prüfung der Tatbestandsmerkmale

- Der Veräußerer ist kein Eigentümer, aber unmittelbarer Besitzer (§ 854): trifft wegen des Eigentumsvorbehalts zu.
- Die Veräußerung der beweglichen Sache erfolgt über § 929 durch Einigung und Übergabe (§ 932 I) an Bs 20. Geburtstag (im Rahmen einer Handschenkung).
- B ist gutgläubig (§ 932 II), da sie nicht weiß und auch nicht grob fahrlässig darüber in Unkenntnis ist, dass K nicht Eigentümer des Buches ist.
- § 935 I trifft nicht zu, weil das Buch weder gestohlen noch verloren wurde und dem O auch nicht in anderer Weise abhanden gekommen ist, da er den Besitz freiwillig an K übertragen hat. Auch § 935 II greift nicht.

Ergebnis mit besonderem Bezug zur Aufgabe

B wird **Besitzerin und Eigentümerin** des Buches. Sie erhält damit ein umfassenderes Recht an dem Buch (Eigentumsrecht § 903), als K es hatte, da dieser nur **unmittelbarer Besitzer** (§ 854) **mit Anwartschaftsrecht** war. K hat also „mehr Recht übertragen, als er selber" hatte.

6. *Es ist zu beschreiben, wie die Interessen des ursprünglichen Eigentümers durch die rechtlichen Regelungen zu Verfügungen durch Nichtberechtigte geschützt werden.*

Fallsituation; Subsumtion unter §816 I

O war ursprünglicher Eigentümer des Buches, hat aber durch die Handschenkung von K an B das Eigentum verloren. Die Interessen des O werden im §816 I berücksichtigt, der die **Vor- und Nachteile der Beteiligten** als Ausgangspunkt nimmt. Da K im Fall M 1 das Buch verschenkt hat, greift §816 I Satz 2, der regelt, dass bei einer **unentgeltlichen Verfügung**, die dem ursprünglichen Eigentümer (hier O) gegenüber wirksam ist, derjenige, der das Eigentum erhalten hat (hier B), zur **Herausgabe des Erlangten** verpflichtet ist. B muss daher das Buch an O herausgeben.

Berücksichtigung der Interessen darlegen

Damit wird das **Interesse des ursprünglichen Eigentümers** vor das des Erwerbers gestellt, da der Erwerber ohne jede Leistung einen Vorteil erlangt hat. Es wäre **unbillig**, den Nachteil des ursprünglichen Eigentümers für diesen „unverdienten" Vorteil des Erwerbers in Kauf zu nehmen, da auch nach der Rückgabe des Erlangten der Erwerber nicht schlechter gestellt ist als vor dem gutgläubigen Eigentumserwerb.

Checkliste

Aspekt	Ja	Teilweise	Nein	Weiß nicht
TEILAUFGABE 1				
Habe ich die relevanten Tatbestandsmerkmale für die einzelnen Rechtsfolgen gewusst bzw. aus dem BGB erarbeiten können?	☐	☐	☐	☐
Habe ich eine vollständige und sinnvolle Systematik aus Tatbestandsmerkmalen und Rechtsfolgen erstellt?	☐	☐	☐	☐
Habe ich den Interessenausgleich mithilfe der Systematik erläutert?	☐	☐	☐	☐
TEILAUFGABE 2				
Habe ich alle relevanten Rechtsgeschäfte und Realakte korrekt und übersichtlich dargestellt?	☐	☐	☐	☐
Habe ich die sich ergebenden Eigentums- und Besitzverhältnisse korrekt als Rechtsfolge formuliert?	☐	☐	☐	☐

TEILAUFGABE 3				
Habe ich wirtschaftliche und rechtliche Vorteile des Eigentumsvorbehalts gewusst und beschrieben?	☐	☐	☐	☐
Habe ich aus verschiedenen Perspektiven argumentiert?	☐	☐	☐	☐
Habe ich die Konsequenzen bei verzögerter Zahlung erläutert?	☐	☐	☐	☐
TEILAUFGABE 4				
Habe ich die Anspruchsgrundlage formuliert?	☐	☐	☐	☐
Habe ich erkannt, dass es sich um ein Termingeschäft handelt, und das entsprechend geprüft?	☐	☐	☐	☐
Habe ich alle relevanten Tatbestandsmerkmale des § 286, insbesondere Absatz 3, subsumiert?	☐	☐	☐	☐
Habe ich das juristische Ergebnis mit besonderem Bezug zur Aufgabe formuliert?	☐	☐	☐	☐
TEILAUFGABE 5				
Habe ich die reguläre Eigentumsübertragung genannt, um zu § 932 hinzuführen?	☐	☐	☐	☐
Habe ich alle relevanten Tatbestandsmerkmale der §§ 932, 935 subsumiert?	☐	☐	☐	☐
Habe ich das juristische Ergebnis mit besonderem Bezug zur Aufgabe formuliert?	☐	☐	☐	☐
TEILAUFGABE 6				
Habe ich den § 816 als relevante Rechtsnorm erkannt?	☐	☐	☐	☐
Habe ich § 816 I Satz 2 mit Fallbezug und Blick auf die Interessen des ursprünglichen Eigentümers erläutert?	☐	☐	☐	☐

Klausuren Wirtschaft und Recht
Recht 5: Leistungsstörungen und Verbraucherschutz

Bearbeitungszeit: 90 Minuten

Thema: Schuldverhältnisse, Verspätete Leistung, Sachmangel, Verbrauchsgüterkauf, Verbraucherschutz

Aufgabenstellung

1. Untersuchen Sie die Wirksamkeit aller in M 1 angesprochenen schuldrechtlichen Verträge und legen Sie die sich daraus ergebenden Pflichten dar. Begründen Sie außerdem, wer am Abend des 14. Juli Eigentümer der angezahlten 75 € ist.
2. Prüfen Sie im Gutachtenstil, ob K wegen der verspäteten Lieferung der Schuhe (M 2) vom Kaufvertrag mit S zurücktreten kann.
3. Vergleichen Sie allgemein die Regelungen des § 281 II und des § 323 II und begründen Sie, warum K wohl keinen Ersatz der 10 € Kaufpreisdifferenz (M 2) verlangen kann. Zeigen Sie, wie der Gesetzgeber hier versucht, einen gerechten Interessenausgleich zu schaffen.
4. Bei Mängeln werden Käufer oft darauf verwiesen, dass die Ware eingeschickt werden muss. Das bedeutet ärgerliche Wartezeiten, v. a. wenn man die Kaufsache dringend benötigt.
   Untersuchen Sie im Sachverhalt M 3, ob K zu Recht verlangen kann, dass R ihr neue Schuhe aus dem Lager aushändigt. Gehen Sie dabei auch auf den Begriff des Verbrauchsgüterkaufs ein.
5. Erläutern Sie an zwei weiteren Aspekten, wie der Verbraucher durch die Regelungen zum Verbrauchsgüterkauf besonders geschützt werden soll.

M 1

Nach dem bestandenen Abitur möchte sich die 19-jährige Karina (K) auf den praktischen Eignungstest für ein Sportstudium an der Universität vorbereiten. Vor dem Abitur hatte Tante Tina (T) versprochen, ihr einen neuen Tennisschläger zu schenken. Als K ihre Tante auf den Tennisschläger anspricht, erwidert diese, sie habe sich die Sache anders überlegt, weil sich K zu selten bei ihr melde. K bestellt schließlich am 14. Juli nachmittags den neuen Tennisschläger „Revolution" für 200 € im Sporthaus Steiger (S). Sie leistet eine Anzahlung von 75 €. Am nächsten Tag bezahlt K bei S den Restbetrag von ihrem Ersparten und nimmt den Schläger mit nach Hause.

M 2

Am 15. August – zwei Wochen vor dem sportpraktischen Test – bestellt K die Laufschuhe mit Spikes für 90 € beim Sporthaus S. Da ihre Größe nicht mehr vorhanden ist, verspricht S die Schuhe bis spätestens 28. August zu besorgen. K meint: „Das geht in Ordnung. Wenn Sie die Schuhe allerdings nicht bis zu diesem Termin bekommen, werde ich sie mir anderswo besorgen, denn ich habe am 29. August meine Prüfung.“ Als K am 28. August die Schuhe abholen möchte, erklärt der Verkäufer, dass er die Bestellung leider vergessen habe, sich aber sofort darum kümmern werde. K verlässt daraufhin verärgert das Geschäft und kauft beim Sportgeschäft Renner (R) das gleiche Modell, das allerdings dort um 10 € teurer ist. Am Tag nach der Prüfung erscheint K nochmals bei S, erklärt ihm, dass sie kein Interesse mehr an den bei ihm bestellten Laufschuhen habe, und verlangt von S die Zahlung der 10 €, die sie für die Schuhe bei R mehr bezahlen musste. Da S inzwischen die Schuhe unter erheblichem Aufwand besorgt hat, besteht er jedoch auf der Erfüllung des Kaufvertrags.

M 3

Schon wenige Tage nach der Prüfung löst sich beim Lauftraining die Sohle des linken Schuhs. K fährt sofort in das Sportgeschäft und verlangt von R ein neues Paar Schuhe. R ist unschlüssig und telefoniert zunächst mit dem Hersteller. Schließlich teilt er K Folgendes mit: „Ich habe die Schuhe zwar vorrätig, aber aus Hygienegründen nehmen wir gebrauchte Schuhe nicht zurück. Wie mir der Hersteller gerade mitgeteilt hat, besteht aber die Möglichkeit, die Schuhe beim werkseigenen Servicecenter reparieren zu lassen. Ihre Schuhe sind in spätestens 14 Tagen wieder fast wie neu.“

Gewichtung der Teilaufgaben: 20 % : 15 % : 25 % : 25 % : 15 %

Lösungsvorschläge

Alle Paragrafenangaben beziehen sich – soweit nicht anders vermerkt – auf das BGB.

1. *Die Aufgabe hat zwei Teile. Der erste Teil bezieht sich nur auf die schuldrechtlichen Verträge; sachenrechtliche Verträge sind nicht zu bearbeiten. Im zweiten Teil muss bezüglich der 75 € auch der sachenrechtliche Aspekt der Übereignung dargestellt werden.*

Schenkungsversprechen der Tante: Zwischen Karina (K) und der Tante (T) besteht ein Schenkungsversprechen (§§ 145, 147, 516). Dieses Schenkungsversprechen hat einen Formmangel, da es nicht gemäß § 518 I notariell beurkundet ist. Es findet auch keine Heilung des Formmangels gemäß § 518 II statt, da T die Schenkung nicht bewirkt, sondern es sich anders überlegt. Das Schenkungsversprechen ist daher wegen Formmangels nichtig (§ 125). Es entstehen keinerlei Pflichten daraus.

Schenkungsversprechen; Pflichten

Bestellung des Tennisschlägers: Die Bestellung der K und die Tatsache, dass Steiger (S) eine Anzahlung entgegennimmt, ergeben schlüssig, dass zwischen S und K ein Kaufvertrag (§§ 145, 147, 433) abgeschlossen wird. S ist aus dem Vertrag zur Übergabe und Eigentumsübertragung an dem Schläger in mangelfreiem Zustand verpflichtet (drei Pflichten gemäß § 433 I). K muss den Schläger abnehmen und den vereinbarten Kaufpreis von 200 € bezahlen (zwei Pflichten gemäß § 433 II).

Kaufvertrag; Pflichten

Eigentum an den 75 € Anzahlung: Am 14. Juli abends ist S Eigentümer der 75 € Anzahlung.

Begründung: Als K die Anzahlung von 75 € leistet, bedeutet dies, dass sie einen Teil des vereinbarten Kaufpreises von 200 € (§ 433 II) bezahlt. Dabei überträgt sie durch Einigung und Übergabe (§§ 145, 147, 929 i. V. m. § 854 I) das Eigentum (und den unmittelbaren Besitz) an den 75 € auf S. Aufgrund des Abstraktionsprinzips ist die Übereignung unabhängig von der Erfüllung der übrigen Pflichten aus dem Kaufvertrag voll rechtswirksam.

Eigentum an der Anzahlung mit Begründung

2. *Der Operator der Aufgabe erfordert eine exakte Normenanalyse und Subsumtion im Gutachtenstil.*

K könnte vom Kaufvertrag mit S zurücktreten, wenn die erforderlichen Tatbestandsmerkmale des § 323 erfüllt sind:

Formulierung des Anspruchs

Schuldverhältnis (§ 323 I): Zwischen K und S besteht ein wirksamer Kaufvertrag über die Schuhe (gegenseitiger Vertrag, §§ 145, 147, 433).

Prüfung der Tatbestandsmerkmale

Pflichtverletzung (§ 323 I): Es liegt eine verspätete Leistung vor, da S trotz Fälligkeit und Möglichkeit der Leistung zum vereinbarten Termin („spätestens 28. August“, § 271 II) die Schuhe nicht besorgt hat.

Fristsetzung (§ 323 I): K hat dem S keine angemessene Nachfrist zur Leistung gesetzt, daher muss geprüft werden, ob die Fristsetzung entbehrlich war. Gemäß § 323 II Nr. 2 liegt ein relatives Fixgeschäft vor, da K bereits bei der Bestellung ausdrücklich darauf hingewiesen hat, dass sie die Schuhe nur bei rechtzeitiger Lieferung bis spätestens 28. August nehmen würde. S hat zu diesem Termin dennoch nicht geleistet. Die Fristsetzung ist daher entbehrlich.

Ergebnis

Ergebnis: Da alle erforderlichen Tatbestandsmerkmale des § 323 erfüllt sind, kann K ohne Fristsetzung vom Kaufvertrag zurücktreten.

3. *Die Aufgabe hat drei Teile: a) Vergleich der Rechtsnormen, b) Begründung, warum kein Schadensersatz verlangt werden kann, c) Zeigen des Interessenausgleichs. Bei a) kann der Vergleich, d. h. die Beschreibung von Gemeinsamkeiten und Unterschieden, als ausformulierter Text oder auch tabellarisch erfolgen, allerdings nur, wenn die Darstellung in der Tabelle schlüssig ist.*

Vergleichende Normenanalyse

a) **Vergleichende Normenanalyse:**

	§ 281 II	**§ 323 II**
Anspruch	Schadensersatz statt der Leistung (vgl. letzte Zeile § 281 II)	Rücktritt vom Vertrag (vgl. § 323 II Nr. 3)
	bei entbehrlicher Fristsetzung	
Voraussetzungen	Schuldner verweigert ernsthaft und endgültig die Leistung	
oder	besondere Umstände liegen vor, die unter Abwägung beiderseitiger Interessen die sofortige Geltendmachung des Anspruchs rechtfertigen	bei mangelhafter Leistung (Sachmangel) liegen besondere Umstände vor, die unter Abwägung beiderseitiger Interessen die sofortige Geltendmachung des Anspruchs rechtfertigen; keine analoge Regelung für verspätete Leistung
oder	keine analoge Regelung	relatives Fixgeschäft, d. h., der Gläubiger hat bei Vertragsabschluss deutlich gemacht, dass die termingerechte Leistung wesentlich ist

Alternativ: ausformulierter Vergleich

Sowohl der Rücktritt vom Vertrag als auch der Schadensersatz statt der Leistung können **ohne Fristsetzung** gefordert werden, wenn entweder der Schuldner die Leistung ernsthaft und endgültig **verweigert** oder bei Abwägung der beiderseitigen Interessen die **sofortige Geltendmachung** des jeweiligen Anspruchs gerechtfertigt ist; die letzte Regelung gilt für den Rücktritt allerdings nur bei einem Sachmangel, nicht bei verspäteter Leistung. Die Entbehrlichkeit der Fristsetzung bei **relativem Fixgeschäft**, d. h., wenn der Gläubiger bereits bei Vertragsabschluss deutlich gemacht hat, dass die termingerechte Leistung wesentlich ist und der Schuldner dennoch nicht rechtzeitig leistet, ist jedoch auf den **Rücktritt** beschränkt. Schadensersatz kann in diesem Fall nicht ohne Fristsetzung gefordert werden.

b) Aus diesem Grund kann K auch keinen Schadensersatz für die Zusatzkosten von 10 €, die ihr durch den Kauf der anderen Schuhe (Deckungsgeschäft) entstanden sind, verlangen. S hat die **Leistung nicht verweigert**, da er die Schuhe ja letztendlich besorgt, und K hat prinzipiell noch **Interesse** an Laufschuhen (kein objektiver Interessenwegfall, d. h. besondere Umstände, die den sofortigen Schadensersatz im Interesse der K rechtfertigen). Die Tatsache, dass sie die Schuhe von S nicht mehr will, liegt lediglich daran, dass sie sich anderweitig Schuhe besorgt hat (subjektiver Interessenwegfall). Grundsätzlich gilt: *Pacta sunt servanda*, d. h., K hätte, um einen Schadensersatzanspruch zu haben, dem S zunächst erfolglos eine **angemessene Nachfrist** zur Leistung setzen müssen, selbst wenn es – wie im vorliegenden Fall – nur ein Tag gewesen wäre. Da sie das Geschäft jedoch schweigend verlässt, ist keine entsprechende Fristsetzung erfolgt.

Begründung für den fehlenden Anspruch auf Schadensersatz

c) In der Regelung des § 323 II gesteht der Gesetzgeber dem Gläubiger zwar zu, sich – entgegen dem Grundsatz *pacta sunt servanda* – sofort aus einem Rechtsgeschäft zu lösen, wenn er vor oder bei Vertragsabschluss klar gemacht hat, dass die rechtzeitige Leistung für ihn ein Ausschlusskriterium ist. Im Sinne des Interessenausgleichs gewährleistet er einen sofortigen Anspruch auf **Schadensersatz** (§ 281 II), der ggf. den Wert der Ware sogar übersteigen kann, jedoch nicht generell, sondern gibt dem Verkäufer i. d. R. eine **zweite Chance**, zu leisten und so Schadensersatzansprüche abzuwenden. Nur bei Leistungsverweigerung oder ganz besonderen Umständen, bei denen die Interessen des Gläubigers überwiegen, ist ein sofortiger Schadensersatz möglich (§ 281 II).

Darstellung des Interessenausgleichs

4. *Der Operator „untersuchen" erfordert eine exakte Normenanalyse und Subsumtion der relevanten Paragrafen bzw. Tatbestandsmerkmale. Der Bezug zum Verbrauchsgüterkauf kann gleich in die Lösung integriert werden.*

Formulierung des Anspruchs

K könnte neue Schuhe verlangen, wenn die erforderlichen Voraussetzungen der §§433, 434, 437, 439 erfüllt sind:

Prüfung der Tatbestandsmerkmale unter Berücksichtigung des Verbrauchsgüterkaufs

Schuldverhältnis: K und R haben einen rechtswirksamen Kaufvertrag (§§145, 147, 433), aus dem R unter anderem verpflichtet ist, K mangelfreie Schuhe zu liefern. Es handelt sich außerdem um einen **Verbrauchsgüterkauf** gemäß §474 I, da K eine bewegliche Sache, nämlich die Schuhe, nicht zu gewerblichen oder zu selbstständigen beruflichen Zwecken, sondern als Verbraucherin kauft (§13) und R gemäß §14 als Unternehmer handelt, da das Sportgeschäft als Gewerbe gilt.

Pflichtverletzung: Es liegt ein **Sachmangel** vor, da K und R zwar bezüglich der Beschaffenheit oder der Verwendbarkeit der Schuhe keine vertragliche Vereinbarung getroffen haben (§434 I Satz 1 und Satz 2 Nr. 1), die Schuhe aber aufgrund der abgelösten Sohle weder für die gewöhnliche Verwendung als Laufschuhe taugen, noch die übliche und erwartbare Beschaffenheit aufweisen (§434 I Satz 2 Nr. 2).

Da es sich um einen Verbrauchsgüterkauf handelt (Begründung siehe oben), gilt die sogenannte **Beweislastumkehr** gemäß §477, d. h., innerhalb der ersten 6 Monate seit Gefahrübergang wird zugunsten des Verbrauchers in der Regel davon ausgegangen, dass ein Mangel an der Sache bereits bei Gefahrübergang vorhanden war. Da beim Ablösen der Sohle „[s]chon wenige Tage nach der Prüfung" (M 3, Z. 1) seit dem Kauf der Schuhe nicht einmal ein Monat vergangen ist, wird zugunsten von K davon ausgegangen, dass die Ursache für das Ablösen bereits bei **Gefahrübergang** (§446 Übergabe) vorhanden war. In diesem Fall steht dieser Vermutung auch weder die Art der Sache noch die Art des Mangels entgegen (§477 letzter Teilsatz).

K hatte außerdem keine **Kenntnis** von dem Mangel, da sie die Schuhe sonst sicher nicht gekauft hätte (§442 I).

Nacherfüllung: K kann daher gemäß §437 Nr. 1 zunächst Nacherfüllung verlangen. Sie hat dabei prinzipiell das Recht, zwischen **Ersatzlieferung** und Beseitigung des Mangels zu wählen (§439 I). Gemäß §439 IV kann R jedoch eine oder beide Arten der Nacherfüllung verweigern, wenn sie mit unverhältnismäßigen Kosten verbunden sind. Die Verhältnismäßigkeit wird dabei mithilfe folgender Kriterien beurteilt: Wert der mangelfreien Sache, Bedeutung des Mangels und Ausweichmöglichkeit auf die andere Art der Nacherfüllung ohne erhebliche Nachteile für den Kunden (§439 IV Satz 2).

Aus folgenden Gründen spricht alles dafür, dass R die Verweigerung der Ersatzlieferung nicht zusteht:

- Der Händler R kann die defekten Schuhe an den Hersteller zurückgeben bzw. seine Aufwendungen einfordern (Unternehmerrückgriff: Verbrauchsgüterkauf, §478 i. V. m. §§ 445 a u. b).
- Außerdem ist das Ablösen der Sohle bei einem Laufschuh als schwerwiegender Mangel anzusehen.
- K müsste warten, obwohl R neue Schuhe vorrätig hat.
- R sagt auch noch, dass die Schuhe nach der Reparatur nur „fast wie neu" (M 3, Z. 7 f.) wären.

Ergebnis: K kann von R neue Schuhe aus dem Lager verlangen.

Ergebnis

5. *Der Operator „erläutern" erfordert eine ausführliche Darstellung, ggf. auch mithilfe von Beispielen. Zwei Aspekte z. B. aus der folgenden Auswahl werden verlangt.*

Im Interesse des Verbrauchers findet beim **Versendungskauf** der **Gefahrübergang** erst bei Übergabe der Sache an den Verbraucher statt (§ 475 II) und nicht schon bei Übergabe an den Transporteur (Ausnahme: Käufer veranlasst Versand ohne Beteiligung des Verkäufers, § 475 II). Dadurch trägt der Verkäufer das Risiko der Beschädigung oder des Untergangs der Sache während des Transports. Dies schützt den Verbraucher, da er die Sache vor der Übergabe noch nicht im Besitz hat und auch auf die Art der Verpackung und des Transports keinen Einfluss hat.

Gefahrübergang beim Versendungskauf

Die **Gewährleistungsrechte beim Kauf** (§§433 bis 435, 437, 439 bis 443) können vertraglich durch AGB oder Individualabrede kaum eingeschränkt werden. Dies ist verbraucherfreundlich, da für den rechtlich weniger versierten Verbraucher so zumindest grundlegende Gewährleistungsrechte grundsätzlich bestehen bleiben und nicht durch geschickt formulierte Klauseln ausgehebelt werden können.

Gewährleistung beim Kauf

Die **Gewährleistungsfrist** kann bei neuen Sachen nicht auf unter zwei Jahre, bei gebrauchten Sachen nicht auf unter ein Jahr vertraglich reduziert werden (§476 II). Dies schützt den Verbraucher in Fällen, in denen er unwissend minderwertige neue oder nicht mehr vollständig intakte gebrauchte Sachen erwirbt.

Alternativer Aspekt: Gewährleistungsfristen

Garantieerklärungen müssen gemäß §479 einfach und verständlich mit gesetzlichen Mindestangaben verfasst sein und auf Verlangen des Käufers in Textform ausgehändigt werden. Dies ist im Sinne des Verbrauchers, da er so genau erkennen kann, welche Garantiezusagen und -bedingungen bestehen, und er diese auf Verlangen schwarz auf weiß zum Nachlesen sowie zur Aufbewahrung für den gesamten Garantiezeitraum hat. Auch eine nachträgliche Änderung der Garantieerklärung durch den Garantiegeber wird so ausgeschlossen.

Alternativer Aspekt: Garantieerklärung

Checkliste

Aspekt	Ja	Teil-weise	Nein	Weiß nicht
TEILAUFGABE 1				
Habe ich erkannt, dass es im ersten Teil der Aufgabe nur um die schuldrechtlichen Verträge geht?	☐	☐	☐	☐
Habe ich die Schenkung und den Kaufvertrag als schuldrechtliche Rechtsgeschäfte identifziert?	☐	☐	☐	☐
Habe ich die Pflichten aus den einzelnen Rechtsgeschäften dargestellt?	☐	☐	☐	☐
Habe ich das Eigentum an der Anzahlung korrekt zugeordnet und begründet?	☐	☐	☐	☐
TEILAUFGABE 2				
Habe ich den Anspruch mit Bezug zur relevanten Rechtsnorm formuliert?	☐	☐	☐	☐
Habe ich alle Voraussetzungen für den Rücktritt vom Vertrag untersucht?	☐	☐	☐	☐
Habe ich erkannt, dass es sich um ein relatives Fixgeschäft handelt?	☐	☐	☐	☐
Habe ich das Ergebnis korrekt formuliert?	☐	☐	☐	☐
TEILAUFGABE 3				
Habe ich die Gemeinsamkeiten und Unterschiede der §§ 281 II und 323 II strukturiert dargestellt?	☐	☐	☐	☐
Habe ich erkannt, dass es sich bei der Forderung der 10 € um einen Schadensersatz statt der Leistung handelt?	☐	☐	☐	☐
Habe ich erkannt, dass das relative Fixgeschäft für die Fristsetzung beim Schadensersatz keine Rolle spielt und auch sonst kein Grund für Schadensersatz ohne Fristsetzung vorliegt?	☐	☐	☐	☐
Habe ich für beide Alternativen das Ergebnis korrekt formuliert?	☐	☐	☐	☐

Teilaufgabe 4				
Habe ich den Anspruch mit Bezug zur relevanten Rechtsnorm formuliert?	☐	☐	☐	☐
Habe ich alle Voraussetzungen für die Forderung der Ersatzlieferung als Nacherfüllung untersucht?	☐	☐	☐	☐
Habe ich dabei die Regelungen für den Verbrauchsgüterkauf berücksichtigt?	☐	☐	☐	☐
Habe ich begründet, warum es sich um einen Verbrauchsgüterkauf handelt?	☐	☐	☐	☐
Habe ich ausreichend begründet, warum R die Ersatzlieferung nicht verweigern kann?	☐	☐	☐	☐
Habe ich das Ergebnis korrekt formuliert?	☐	☐	☐	☐
Habe ich den Anspruch mit Bezug zur relevanten Rechtsnorm formuliert?	☐	☐	☐	☐
Teilaufgabe 5				
Habe ich zwei weitere sinnvolle Verbraucherschutzaspekte beim Verbrauchsgüterkauf ausgewählt?	☐	☐	☐	☐
Habe ich bei beiden Aspekten schlüssig dargestellt, wie der Verbraucher geschützt wird?	☐	☐	☐	☐